Não existem mães perfeitas

Aprenda a amar a sua vida real

Não existem mães perfeitas

Aprenda a amar a sua vida real

Jill Savage

Santo André, SP
2017

This book was first published in the United States by Moody Publishers, 820 N. LaSalle Blvd., Chicago, IL 60610 with the title *No More Perfect Moms*, Copyright © 2013 by Jill Savage. Translated by permission. All rights reserved.

Todos os direitos desta obra em português pertencem à Geográfica Editora © 2017
Av. Presidente Costa e Silva, 2151 – Parque Capuava
Santo André, SP - 09270-000

1a Edição – Agosto de 2017
Printed in Brazil

Editor responsável
Marcos Simas

Supervisão editorial
Maria Fernanda Vigon

Tradução
Alzeli Simas

Preparação de texto
Roberto Barbosa

Revisão
João Rodrigues Ferreira
Carlos Buczynski
Nataniel Gomes

Diagramação
Pedro Simas

Todas as citações bíblicas foram extraídas da NVI – Nova Versão Internacional, da Sociedade Bíblica Internacional. Copyright © 2001, salvo indicação em contrário.

Para qualquer comentário ou dúvidas sobre este produto, escreva para
produtos@geografica.com.br

S264n	Savage , Jill Não existem mães perfeitas : aprenda a amar a sua vida real / Jill Savage. Traduzido por Alzeli Simas. – Santo André : Geográfica, 2017. 224p. ; 16x23cm. ISBN 978-85-8064-215-5 1. Maternidade. 2. Família . 3. Escritos contemplativos. 4. Mulher. I. Simas, Alzeli . II. Título . CDU 242-055.2

Catalogação na publicação: Leandro Augusto dos Santos Lima – CRB 10/1273

Este produto possui 224 páginas impressas em papel polen bold 70g e em formato 16x23cm (essa medida pode variar em até 0,5cm)

código 80403 - CNPJ 44.197.044/0001 - S.A.C. 0800-773-6511

NÃO EXISTEM MÃES PERFEITAS

Não existem mães perfeitas é um manual de sobrevivência e uma leitura obrigatória para as mães de todas as idades. Jill Savage fala de forma direta sobre como uma suposta mãe imaginária, com uma casa sempre limpa, um marido ideal, filhos que mais parecem santos e sem problemas ou lutas entre si, realmente não existe. Jill, de maneira clara e transparente, compartilha dicas práticas sobre como enfrentar situações difíceis e conseguir tornar o seu lar em um paraíso para a família, e que, acima de tudo, honra a Cristo!
- MICHELLE DUGGAR, mãe de 19 filhos e ainda podendo ter mais

Todos os dias na Focus on the Family (Foco na família) ouvimos falar de mães que amam o que estão fazendo, e ainda são desvalorizadas. Jill Savage entende essa frustração porque já esteve no lugar dessas mulheres. **Meu desejo é que cada mãe possa ler *Não existem mães perfeitas*, que é um livro cheio de sabedoria, humor e graça**.
- JIM DALY, presidente da Focus on the Family

Jill me permite ser exatamente quem sou... uma mulher imperfeita, esposa e mãe plenamente aceita por Deus. Esta é uma mensagem oportuna que vai preencher as necessidades do coração de uma mulher. A mensagem de Jill ajudará aquela que é perfeccionista e, ao mesmo tempo, irá impedir que as jovens sejam afetadas pelo Vírus da Perfeição!
- JENNIFER ROTHSCHILD, autora de *Lessons I Learned in the Dark and Me, Myself and Lies* (Lições que aprendi no escuro e eu, sozinha e mentiras), fundadora de Fresh Grounded Faith Conferences e WomensMinistry.net

Enquanto eu lia *Não existem mães perfeitas*, um peso foi tirado dos meus ombros já cansados. Tenho vivido essa vida de mãe por 24 anos – contudo, uma vez ou outra ainda sou mãe de uma criança – e ainda desejo poder ser "mais perfeita em muitos aspectos." Com palavras encorajadoras e gentis, Jill Savage baixou o "ruído" da preocupação, da culpa e das expectativas, permitindo-me entrar em sintonia com o sussurro do meu Salvador: "Eu te amo. Eu tenho um bom plano para você e para seus filhos. Estou aqui."
- TRICIA GOYER, autora *best-seller* de 35 livros

Cara leitora, antes de abrir as páginas deste espetacular livro, e para mim o melhor de todos escritos por Jill Savage, você deve se perguntar se está pronta para ser franca e honesta consigo mesma sobre quem você é como mãe, esposa, irmã, mulher e filha! Este livro vai esfoliar você como um maravilhoso produto de beleza faz! A escrita de Jill é real e não tem espaço para máscaras, já que ela incentiva e desafia você a ser tudo o que foi criada para ser em cada um dos seus papéis, únicos e incríveis!
- YVETTE MAHER, pastora auxiliar, New Life Church

Dance com alegria! Jill Savage fornece o antídoto para o Vírus da Perfeição, e por isso é que as mães em todos os lugares podem criar seus filhos libertos das expectativas inalcançáveis. Você vai lembrar com carinho a forma honesta com a qual Jill compartilha de uma maneira pessoal seu próprio mundo imperfeito. Junte-se ao grande movimento de mães, de todo o país, para banir a palavra "perfeição" do dicionário da maternidade.
- LORRAINE PINTUS, palestrante e autora do livro *Jump Off the Hormone Swing* (Pule fora da variação hormonal)

Mães imperfeitas: unam-se! Este livro é para cada mãe que se esqueceu de pegar seu filho logo após um jogo de futebol, preparou um almoço com macarrão instantâneo ou por cinco noites consecutivas entrou em um *drive-thru* de *fast-food* para dar o jantar de seus filhos – você acaba de encontrar uma amiga. Com cordialidade, graça e várias histórias que apenas pais vivenciam, Jill Savage leva todas nós, mães imperfeitas, para o espaço amoroso de nosso Deus perfeito. Então, deixe de lado seus álbuns inacabados de histórias sobre seus filhos e pegue este livro. Você ficará aliviada por saber que há esperança para todas nós, mesmo sendo muito menos que pais perfeitos.
- KATHI LIPP, palestrante e autora, incluindo *The Husband Project* (O projeto marido)

Este livro deve ser entregue a cada mãe junto com seu primeiro filho! Como uma mãe experiente, lendo o livro, eu me reconhecia em cada capítulo, perguntando-me se Jill tinha literalmente se escondido na minha despensa e anotado alguns dos momentos de minha vida! Do início ao fim, *Não existem mães perfeitas* é oportuno, prático e a prescrição perfeita para cada mãe que luta com o sentimento de ser "menos do que." A percepção de Jill sobre a doença do "Vírus da Perfeição" é algo que toda mãe precisa ouvir. Seus exemplos pessoais são humildes, e sua empatia é palpável, enquanto ela, brava e compassivamente, aponta o caminho para a graça. Sonhe viver em um mundo onde nós, como mães, possamos abraçar umas às outras "como somos", nos ajudando a ser tudo o que Deus nos chamou para que nossas famílias sejam. Eu pensei que era uma bela mãe confiante, mas *Não existem mães perfeitas* me desafiou a novos níveis de autenticidade. Obrigada Jill, por nos apresentar a ideia de que somos uma obra de arte inacabada, ainda em andamento.

- SALLY BAUCKE, palestrante e comediante

Para minhas filhas, Anne e Erica:

Que a sua jornada materna seja cheia de amor, de graça e da liberdade da autenticidade.

Sumário

Introdução	11
1. O Vírus da Perfeição	15
2. O antídoto	27
3. Não existem filhos perfeitos	51
4. Não existem corpos perfeitos	75
5. Não existem casamentos perfeitos	91
6. Não existem amigos perfeitos	113
7. Não existem dias perfeitos	129
8. Não existem lares perfeitos	151
9. Não existem donas de casa perfeitas	173
10. Um Deus perfeito	189
Apêndice A: Este é quem eu sou aos olhos de Deus	207
Apêndice B: Onde encontrar ajuda quando estiver sentindo	211
Agradecimentos	213
Nota da autora	215
Parem com isso! Não à guerra das mães	217
Sobre recursos na obra *Não existem mães perfeitas*	219

Introdução

Parece apropriado que eu esteja escrevendo a introdução deste livro hoje. É o primeiro dia de minha filha, que agora é mãe de dois filhos. Tive o privilégio de ver minha neta, Landon William McClane, chegar a este mundo há menos de vinte e quatro horas.

A chegada de um filho em uma família, seja por nascimento ou por adoção, tráz consigo esperanças, sonhos e nossas melhores intenções como mãe. Eu experimentei isso cinco vezes – quatro por nascimento e uma por adoção. Com a chegada de cada um deles, renovei meu desejo de ser a melhor mãe que eu poderia ser. Eu queria dar a cada um deles as maiores e melhores oportunidades. Sonhei sobre quem cada filho um dia se tornaria. Eu tinha esperanças acerca do futuro desse novo filho.

E então a realidade começou.

Quando meu primeiro filho, dentro de um supermercado, gritou com toda a força de seus pulmões, me senti muito envergonhada. Em uma ocasião, quando eu ainda não tinha filhos e presenciei uma cena

Não existem mães perfeitas

como essa, jurei a mim mesma que meus filhos nunca fariam isso. Quando meu filho adolescente dormiu fora uma noite e recebi a visita de um policial batendo na minha porta às 3 da manhã, eu não podia acreditar que um dos meus meninos tinha feito alguma coisa errada. A verdade é que agora sou mãe, e me encontro em todos os tipos de situação que nunca pensei experimentar um dia.

As crianças não dormem muito, e muitas vezes me encontrei supercansada. Elas não ficaram espertas tão rapidamente como outras crianças da mesma idade. À medida que meus filhos cresciam, começavam a ter a certeza de que sabiam mais do que eu.

Sou menos paciente do que pensei. Sou mais dura do que gostaria. Minhas crianças possuem temperamentos mais fortes do que eu esperava. Minha casa parece estar sempre bagunçada. Às vezes, meu casamento não é o "felizes para sempre" com que sonhei.

Começo a ter pensamentos como: *Eu não sou capaz o suficiente. Estou falhando como mãe. Meus filhos não agem como os filhos de tal mulher. Minha casa não se parece com a casa de tal pessoa. Meu corpo não se parece com o corpo de fulano. Meu marido não me ajuda como o marido de cicrana ajuda. O que há de errado comigo?*

Você já se sentiu assim? Já se perguntou o que está errado com você, com sua família, com seus filhos? Nada está errado com você ou sua família. Você é normal. Suas frustrações são normais. Suas decepções são normais. Suas lutas são normais. De fato, é sobre isto que este livro trata: da reafirmação de que você é normal. Não existem mães perfeitas (apenas mulheres que sabem fazer tudo com uma boa aparência para que todos vejam). Não existem crianças perfeitas (apenas crianças que estão bem vestidas e que se comportam bem, pelo menos quando você as está olhando). Não existem casas perfeitas (apenas aquelas onde a desordem é habilmente armazenada!). Não

> *Enquanto estamos perseguindo a perfeição, perdemos as partes mais preciosas da vida.*

Introdução

existem corpos perfeitos (apenas aqueles que descobriram como e onde fazer plásticas!).

A perfeição não existe – mas infelizmente desperdiçamos muito tempo e energia em busca de uma evasiva miragem que temos certeza de ser possível encontrar um dia. Enquanto estamos perseguindo a perfeição, perdemos as partes mais preciosas da vida: o riso por alguma piada, a alegria da espontaneidade, as lições encontradas no fracasso e a liberdade achada na graça.

Vamos fazer uma jornada juntas para descobrir as realidades do "normal." Vamos parar de tentar encontrar o "perfeito" e abraçar o "autêntico." Vamos ouvir algumas histórias reais sobre mães reais. Vire a página comigo; acho que você vai descobrir que não está tão sozinha quanto às vezes pensa estar.

CAPÍTULO 1

O VÍRUS DA *Perfeição*

O telefone tocou naquele momento de caos, logo após a chegada da escola e um pouco antes do jantar. Eu estava fazendo uma salada para o jantar (traduzindo: derramei uma sacola de alface já limpo, que compro no supermercado, em uma bela vasilha de vidro e joguei alguns tomates-cereja para dar uma cor!), ajudando dois filhos menores com suas tarefas de casa e tentando manter meu outro, de quatro anos, ocupado o suficiente para não reclamar pela janta.

Agarrei o telefone e o encaixei entre a minha orelha e o meu ombro e respondi com um rápido "Olá, aqui é a Jill!" A voz no outro lado da linha foi, obviamente, bastante emocional. "Mãe, aqui é a Erica. Você se esqueceu de mim?"

Rapidamente fiz uma contagem de cabeça: um, dois, três... quatro – oh, meu Pai. *Erica não está aqui. Pensei que todos os meus filhotes estivessem no ninho, mas havia uma que estava no treino de basquete, e eu*

*havia me esquecido completamente dela. Ela não estava em casa, e eu preci-
sava buscá-la!*

Eu não podia mentir. "Erica, sinto muito!" – me desculpei. "Me esqueci completamente de ir buscá-la. Logo estarei aí!"

A voz de choro no outro lado da linha fez a culpa correr no fundo do meu coração. *Como eu poderia esquecer minha própria filha? Que tipo de mãe faz uma coisa dessas? E como ela vai me perdoar?*

Bem-vinda à vida real! Se formos honestas umas com as outras, todas nós temos histórias como essa para compartilhar. Não existem mães perfeitas.

POR DENTRO E POR FORA

Como a maioria das mães, eu entrei na cena da maternidade querendo ser a mãe perfeita. Eu li; me preparei; me planejei; sonhei. Resolvi ser intencional em tudo o que fiz, desde a escolha do sabão para a lavagem das roupas que fosse melhor para a pele das crianças, até a escolha da escola que fosse melhor para a educação de cada uma delas em particular. Eu estava tentando ser uma supermãe. Eu faria tudo, e faria tudo bem. Então a realidade da vida me visitou.

As pessoas dizem que depois do acontecido é fácil saber o que fazer, mas é difícil prever o que virá pela frente. De volta agora àquela cena do fim da tarde, onze anos depois, eu tenho uma perspectiva valiosa que não tinha até então. Minha filha Erica, que agora está com 21 anos, ficou com traumas porque eu a esqueci no treino de basquete. Ela é uma adulta bem-ajustada e que tem uma grande história para contar, especialmente quando quer ter um pouco de simpatia ou dar uma boa risada em encontros familiares.

Agora entendo que minha busca por ser a "mãe perfeita" na verdade me preparou para o fracasso desde o primeiro dia. Não existem mães perfeitas – apenas mulheres imperfeitas que cairão do pedestal de suas próprias expectativas com mais frequência do que querem admitir.

O Vírus da Perfeição

Uma boa amiga me disse certa vez: "Jill, nunca compare os que vivem com você com os que vivem com outra pessoa qualquer." Ela me deu esse sábio conselho quando me ouviu inconscientemente me comparar a outra mãe depois de uma das minhas muitas falhas. Essa afirmação poderosa ainda fala comigo. Agora percebo que a maioria das mães entra nesse "jogo de comparação" dezenas de vezes, todos os dias. Constantemente olhamos ao nosso redor para ver como somos se comparadas com aqueles que nos rodeiam. E nunca estamos à altura.

Minha busca por ser a "mãe perfeita" na verdade me preparou para o fracasso desde o primeiro dia.

Mas como podemos nos comparar? Na maioria das vezes nos comparamos com alguém que não existe. Comparamos nosso ser interior, nossas lutas, nossas falhas, nossa vida menos que perfeita com a de outras mulheres cuidadosamente limpas e aparentemente perfeitas para quem olha de fora. É um jogo que nós, mães, jogamos e que nunca poderemos vencer.

Então, se insistimos em jogar esse "jogo de comparação" (e a maioria de nós faz isso sempre!), então é hora de uma nova forma de comparação. Em vez de comparar o nosso mundo interior em relação às aparências exteriores, precisamos comparar interior com interior – realidade com realidade. Na verdade, isso é o que espero fazer nas próximas páginas, compartilhando honestamente.

Se formos honestas, muitas de nós usamos máscaras de maternidade que mantêm nosso mundo interior indisponível para quem olha de fora. Às vezes, essas máscaras são baseadas em aparência externa. Usamos roupas da moda e nunca saímos de casa sem nos maquilar e fazer nosso cabelo. Em outras palavras, achamos que tudo em nós sempre está exposto de uma forma sincronizada. Algumas de nós usam uma máscara ao conversar com outras mães. Nunca admitiremos que estamos lutando de alguma forma, mesmo que outros estejam falando abertamente sobre suas dificuldades pessoais. Algumas de nós usam máscaras de orgulho. Só

Não existem mães perfeitas

expomos as coisas boas e nunca falamos sobre algo ruim ou mal. E fingimos que estamos mais confiantes do que realmente estamos.

Os autores Justin e Trisha Davis falarão mais adiante, neste livro, sobre máscaras.

Usamos máscaras na igreja. Discutimos durante todo o trajeto de casa até o culto na igreja, e ao chegarmos ao templo abrimos um sorriso no rosto. Fingimos ser mais espirituais, mais unidos, mais maduros em nossa fé do que realmente somos. Tememos que se alguém soubesse do nosso verdadeiro eu, certamente pensaria menos de nós... por isso mascaramos nossas fraquezas.

Usamos máscaras em casa. Fingimos que as coisas estão bem em nosso casamento quando, na verdade, não estão. Dizemos que nada está errado quando, de fato, nossos sentimentos estão verdadeiramente feridos. Não necessariamente mentimos aos nossos cônjuges; apenas sombreamos parte da verdade. Não nos sentimos confortáveis com o nosso verdadeiro eu com nosso cônjuge porque temos medo de um julgamento ou até de sermos ridicularizadas.

Você gostaria de viver uma vida cheia de graça, que ama em vez de julgar?

A grande questão a respeito das máscaras é que elas nunca nos aproximam de quem fomos criadas para ser. As máscaras sempre tornam superficial o que Deus tem como intenção que seja profundo. Amizades. Casamentos. Famílias. Igreja. Tudo em nossa vida torna-se engano quando escolhemos ser falsas[1].

Já pensou sobre o fato de que você está se traindo usando uma máscara? Já considerou que o sorriso falso está impedindo que você atinja a verdadeira profundidade nos relacionamentos que está realmente desejando?

Eu gostaria de jogar essa falsa mentalidade para bem longe no dia a dia da maternidade. Máscaras não nos caem bem. Elas nos mantêm

---

1 Justin e Trisha Davis. "The Masks We Wear," refine us ("As máscaras que usamos", nos refinam) [blog], 9 de maio de 2011, http://refineus.org.

distantes de nossos amigos, de nossa família e de nosso Deus. Não apenas isso, mas usar máscaras gera julgamento. Isso nos mantém julgando a nós mesmas e aos outros em vez de vivermos e amarmos por intermédio da graça.

Você está pronta para uma nova lente por meio da qual verá a sua vida? Você gostaria de viver uma vida cheia de graça, que ama em vez de julgar? Como deixar o perfeccionismo para trás e encontrar a liberdade na autenticidade? Sei que, com certeza, eu estaria pronta para tamanhos desafios!

Então, por onde começamos? Para entender onde estamos e aonde precisamos ir, é sábio começarmos a avaliar como chegamos até aqui. Vamos explorar isso: como nossa vida ficaria tão infectada com esse vírus do perfeccionismo?

COMO CHEGAMOS AQUI?

Notei isso pela primeira vez apenas alguns anos atrás. Na escola, havia uma pequena caixa na qual eu poderia solicitar, por meio de um formulário, as fotografias de escola dos meus filhos nas quais eu gostaria que o fotógrafo fizesse uns "retoques." Você sabe: remover uma espinha aqui, corrigir um cabelo mal penteado ali... Muitas de nós não queremos mais uma imagem "real" de quem nossos filhos são. Queremos que eles pareçam melhores do que realmente são. Diante dessa opção, preferimos remover suas "imperfeições", pois não nos contentamos com nada menos do que o perfeito. Afinal, estamos nos comparando – e aos nossos filhos também – com aqueles que nos rodeiam.

A tentação de nos compararmos com os outros está presente desde o início da humanidade, já com Adão e Eva. Em seu tempo, Adão e Eva eram duas pessoas no mais perfeito sentido da palavra. Não se preocupavam. Todas as suas necessidades eram supridas.

Satanás veio e começou a alimentá-los com mentiras a respeito deles e de Deus. Eles compararam sua situação com essas mentiras e decidiram que a vida no jardim não era tudo o que podia ser. Agiram por impulso e quebraram a única regra que Deus lhes tinha dado – para não comer de uma única e determinada árvore do jardim. Apesar de sua perfeita existência, Adão e Eva ainda sentiam a necessidade de algo mais, algo diferente. Seus filhos fizeram o mesmo jogo da comparação quando Caim matou Abel por causa de ciúme. E a saga continua: história após história da Bíblia ilustra que as pessoas sempre praticaram o "jogo da comparação."

Portanto, é da natureza humana comparar, não se contentar e querer algo diferente do que tem. Mas o que nos levou a querer alcançar algo tão inatingível quanto a perfeição? O culpado está na frente de nosso rosto todos os dias.

Nossa geração de mães está mais conectada socialmente do que a geração anterior. A explosão da mídia nos últimos cinquenta anos e das mídias sociais nos últimos dez anos nos conectou a muitas outras pessoas com as quais nos comparamos. Pense nisso: tudo o que você e eu temos a fazer é passar diante de uma banca de jornal, mesmo que não compremos revista alguma, para sermos chamadas a atenção pelas manchetes: "Perca 10 quilos em 30 dias!" "Conheça Brad e Angelina, a família perfeita!" Vemos fotos de casas "perfeitas", corpos "perfeitos" e famílias "perfeitas" saltando na frente das capas dessas revistas quando andamos descuidadamente pelas calçadas e somos confrontadas com tantas informações que nos afetam de alguma forma. A parte mais difícil deste "jogo da comparação" é que não estamos nos comparando com a realidade. As fotos são manipuladas por softwares profissionais, as histórias são editadas e a promessa de perfeição é aumentada apenas para vender revistas.

Há mais de dez anos, tive o privilégio de ser capa de uma revista cristã. Que experiência! Uma foto foi tirada, vários equipamentos profissionais, um maquiador – uau! Eu nunca poderia sonhar que um dia experimentaria algo parecido. Imagine a minha surpresa quando descobri que minhas fotos tinham sido editadas e tratadas: um retoque em uma mancha aqui, mudanças no tom da pele ali... Isso mesmo, apesar de ser uma revista cristã, fomos vítimas da proposta enganosa de apresentar algo próximo da perfeição. Afinal, nossa cultura exige esse tipo de ação.

Quando você vê numa revista alguém na cozinha fazendo um prato especial, essas fotos são preparadas e editadas. Essa cozinha não vai parecer com a do mundo real, quando alguém prepara uma refeição nela. Certamente haverá sujeiras sobre o balcão, o chão ficará pegajoso e também haverá uma pia cheia de pratos sujos que precisam ser lavados. Quando você vê uma foto de uma família brincando em uma revista, em um outdoor ou em um anúncio, lembre-se de que aquela imagem é criada para provocar certo sentimento – e que aquelas pessoas provavelmente sequer se relacionam entre si. É possível que esses atores, antes de sair de casa, tenham discutido com os seus verdadeiros cônjuges por questões financeiras em sua vida pessoal. Quando você vê fotos de uma estrela de cinema que conseguiu reduzir seu peso apenas três meses após o parto, ficando com o mesmo peso de antes da gravidez, lembre-se de que é muito provável que ela tenha um *personal trainer* e um *chef*, mas as fotos provavelmente foram retocadas para dar uma ilusão de perfeição.

Enquanto as revistas nos dão imagens fortes e impactantes para compararmos com o nosso corpo real e com as nossas casas reais, podemos agradecer a Hollywood por pintar imagens de relacionamentos irreais para nós. Cada novela ou seriado da TV apresenta e resolve algum tipo de problema em um episódio de trinta minutos de duração. Cada filme apresenta algum evento ou época de uma vida em que tudo se ajusta em apenas duas horas. Claro que eles mostram conflitos ou mesmo desafios relacionais confusos, mas geralmente o mocinho ganha e o vilão recebe sua merecida justiça até o fim do episódio. Nem mesmo Reality Shows são reais. Eles sofrem tantas edições que, na maioria das vezes, acabam deturpando o que realmente aconteceu em uma cena.

Facebook, Twitter e Instagram podem ter culpa também! Enquanto olhamos os posts com belas frases, imagens ou cenas de felicidade de alguém ou de uma família, pensamos: *Eu gostaria que meu filho pudesse dizer alguma coisa linda assim.* Ou *Eu gostaria de poder dizer algo agradável sobre o meu marido.* Em outras redes sociais, podemos, da mesma forma, desejar que tivéssemos mais criatividade ou ideias melhores à medida que olhamos para todas as grandes sacadas ou projetos que as pessoas compartilham.

Quanto mais comparamos, mais altas são as nossas expectativas, e cada vez mais o Vírus da Perfeição se estabelece dentro de nós. Sem perceber, queremos que nossos problemas sejam resolvidos preferencialmente entre trinta minutos a duas horas. De forma inconsciente, desejamos que nossa pele pareça com a da modelo que acabamos de assistir no comercial da TV. Instintivamente, desejamos uma bela casa com flores na varanda, muito bem-arrumada e sem brinquedos espalhados pelo chão. Nossas expectativas são alimentadas por uma avalanche de cenas e imagens "perfeitas" que vemos em nossa sociedade saturada pela mídia.

Isso não apenas aumenta nosso desejo de ter uma casa perfeita, filhos perfeitos, um corpo perfeito e um marido perfeito, como realmente nos provoca descontentamento com nossas casas reais, nossos verdadeiros filhos, nosso corpo normal e marido de verdade. Pior ainda, na maioria das vezes nem percebemos que é isso que estamos fazendo. É uma erosão sutil da nossa satisfação. Se não reconhecermos isso, o descontentamento pode se transformar em decepção, e então a decepção pode, eventualmente, se transformar em desilusão. No entanto, a desilusão não pode ser de fato resolvida, porque o que você está desejando – a casa perfeita, o trabalho perfeito, o marido perfeito – simplesmente não existe.

UMA COMPARAÇÃO REALISTA

Há tantos momentos mágicos na maternidade: quando seu filho é colocado pela primeira vez em seus braços, quando você assiste à sua linda filhinha segurando um gatinho pela primeira vez no colo, quando seu filhote, no infantil, escreve seu nome pela primeira vez, quando seu filho, no ensino fundamental, ganha elogios por ter decorado verbos, quando seu filho com necessidades especiais supera um obstáculo pela primeira vez, quando seu pré-adolescente diz: "Você é a melhor mãe do mundo!", quando o adolescente sabe se comportar na casa do vizinho e quando o seu jovem adulto caminha pelo palco para se formar na escola ou na faculdade. Esses são belos momentos da maternidade que ficam para sempre em nossa memória.

Há outros momentos deliciosos: observar seus filhos brincando na praia, jogando bola com os amigos, rindo em torno da mesa de jantar, passeando no parque, acampando pela primeira vez e desfrutando das férias que você nunca esquecerá. Às vezes espontâneos e às vezes planejados, esses momentos cheios de alegria e de memória nos mantêm em movimento. No entanto, nós sabemos que esses momentos não acontecem todos os dias do ano. A vida está cheia de desafios, de responsabilidades e de relacionamentos difíceis. Em uma de minhas postagens mais recentes, pedi às minhas amigas do Facebook que, em apenas uma palavra, compartilhassem algo que descrevesse como estavam se sentindo naquele dia. Aqui estão algumas das respostas compartilhadas por todas as mães pelo mundo afora:

Preocupada	Oprimida	Drenada
Ansiosa	Abandonada	Assustada
Estressada	Desencorajada	Ocupada
Agradecida	Triste	Vulnerável
Temerosa	Pressionada	Esperando
Cansada	Solitária	Incapaz
Alegre	Emocionada	Partida
Traída	Irritada	Abençoada
Esperançosa	Animada	Presa
Encorajada	Esgotada	
Confusa	Feliz	

Não existem mães perfeitas

Você pode se identificar com algumas dessas palavras? Em caso afirmativo, quais? Independentemente do que está sentindo, é óbvio que você não está sozinha. Mais de 90% das palavras expressas nessas respostas nos dizem algo sobre emoções negativas. A vida muitas vezes é difícil! Se você se sentir assim e pensar que ninguém a compreende, espero que logo comece a perceber aquilo que muitas outras mulheres já fizeram.

Você não é a única mãe que, às vezes, se sente inútil.

Você não é a única mãe que gritou com seus filhos hoje.

Você não é a única mãe que está tentando unir duas famílias em uma e está reconhecendo que isso é muito mais difícil do que pensava.

Você não é a única mãe que tem lutado com a infertilidade.

Você não é a única mãe que teve problemas com um filho adotado.

Você não é a única mãe que deseja que seu marido possa ouvi-la.

Você não é a única mãe que não está ganhando dinheiro suficiente para equilibrar seu orçamento.

Você não é a única mãe que constantemente batalha contra o seu peso.

Você não é a única mãe que luta com sua fé e com a compreensão da vontade de Deus.

Você não é a única mãe que critica o seu marido.

Você não é a única mãe que disse algo a uma amiga, e se arrependeu mais tarde.

Você não é a única mãe que se sente como se não tivesse amigos.

Você não é a única mãe que está lutando para manter o casamento.

Você não é a única mãe que lida com a depressão.

Você não é a única mãe que enfrenta conflitos no casamento sobre sexo ou dinheiro.

Você não é a única mãe que tem um filho difícil ou um adolescente rebelde.

O Vírus da Perfeição

Você não é a única mãe que descobriu que seu marido é viciado em pornografia.

Você não é a única mãe que descobriu que seu marido tem sido infiel.

Você não é a única mãe que não consegue executar todas as tarefas da casa.

Você não é a única mãe que carrega o título de "mãe solteira."

Você não é a única mãe que lutou com a amamentação de um bebê.

Você não é a única mãe que muitas vezes quer fugir e largar tudo.

Você não está sozinha. Você está entre amigas que lutam com essas mesmas questões. Infelizmente, a maioria de nós apenas não fala sobre esses problemas tão pessoais e íntimos com a frequência que deveria. É por isso que nos sentimos sozinhas ou sentimos que falhamos.

Você não está sozinha. Você está entre amigas.

Vamos mudar isso a partir de hoje. Podemos até estar contaminadas com o Vírus da Perfeição, mas não sem saber da existência de um antídoto. Vá para a próxima página e descubra a liberdade encontrada na autenticidade.

CAPÍTULO 2

O *antídoto*

Tudo começou com o anúncio de que Michelle Duggar, estrela do programa de TV *Nineteen Kids and Counting* (Dezenove filhos e ainda podendo ter mais), seria a palestrante principal das nossas próximas conferências de Hearts at Home [Corações em casa]. Eu havia assistido a esse programa uma ou duas vezes e fiquei intrigada com essa mãe que, juntamente com seu marido, decidiu deixar Deus determinar quantos filhos teriam. Ainda que eu não compartilhasse da sua convicção sobre métodos contraceptivos e controle de natalidade, não sentia nenhuma animosidade em relação a eles por causa de suas escolhas. Como sempre, esse não era o caso para algumas mulheres. No momento em que a nossa escolhida como palestrante principal foi anunciada, as "reclamações" começaram a surgir.

Algumas vieram de mulheres que lutaram contra a infertilidade e se sentiram ofendidas de uma forma até pessoal pelo fato de que os Duggar tinham "mais do que a parte justa" no que diz respeito à

Não existem mães perfeitas

quantidade de filhos. Outras alegaram que não havia nenhuma maneira possível de esse casal poder ser responsável pela educação de dezenove crianças. Outras ainda nos repreendiam por termos trazido uma "celebridade." Cada uma dessas que se manifestaram deixou claro que não participaria dos próximos eventos. Isso me abateu, mas o que me deixou ainda mais triste foi que cada uma dessas mulheres (e em alguns casos "grupos de mulheres") perdeu uma incrível oportunidade de aprendizado e de camaradagem que surge quando se reúnem com quase todas as outras 6.300 mães que entendem como é a vida materna. Mais de uma dúzia de outros oradores apresentaram cerca de 30 diferentes workshops, e houve ainda uma segunda mensagem principal proferida por uma psicóloga, a Dra. Julianna Slattery, sobre a busca da sabedoria. A conferência foi uma experiência poderosa, e algumas das mensagens que ouvi naquele fim de semana ainda hoje me desafiam pessoalmente.

Sofri pelo fato de algumas mães deixarem que tamanha dureza e julgamento crítico as mantivessem afastadas de um evento maravilhoso que poderia tê-las beneficiado muito. Isso me deixou triste porque o orgulho roubou dessa pessoa uma oportunidade maravilhosa de rir, aprender e encontrar alívio em um fim de semana planejado especialmente para ela.

Todos nós lutamos com questões que oprimem nosso coração e nos mantêm comparando-nos com outros. Esses problemas também nos fazem perpetuar o Vírus da Perfeição em vez de erradicá-lo de nossa vida. Orgulho, medo, insegurança e julgamento perpetuam esse vírus que corrompe nosso coração e flagela a nossa sociedade. Quando essas atitudes se arrastam

O orgulho é sutil, e às vezes o confundimos com a confiança.

por muito tempo em nosso interior, então nós perdemos. Privamo-nos de uma grande experiência, de uma nova amizade ou de uma conversa mais profunda com outras pessoas.

O que é preciso para começar a reconhecer os problemas emocionais que afetam o nosso coração? Como podemos remover de nós as máscaras que, consciente e inconscientemente, escondemos, para encontrar a experiência de autenticidade que ansiamos? Eu encontrei uma forma de superar isso que se parece um pouco com mudar de roupa: você tira uma roupa e coloca outra. A Bíblia diz assim: "Quanto à antiga maneira de viver, vocês foram ensinados a **despir-se** do velho homem, que se corrompe por desejos enganosos, a serem renovados no modo de pensar e a **revestir--se** do novo homem, criado para ser semelhante a Deus em justiça e em santidade provenientes da verdade" (Efésios 4.22-24, ênfase minha).

DEIXE O ORGULHO E VISTA A HUMILDADE

O orgulho é sutil, e às vezes o confundimos com a confiança. Contudo, ele está sempre nos comparando, de forma consciente ou não, às outras pessoas de tal forma que o resultado parece ser que nós seremos sempre melhores do que elas – com as quais nos comparamos.

O orgulho é um ladrão. Ele rouba a nossa alegria porque nos tornamos obcecados pela crença de que merecemos algo melhor do que o que temos. Isso nos tapeia em relação ao plano de Deus para a nossa vida, pois exigimos nosso próprio caminho. O orgulho nos rouba o conhecimento porque já sabemos tudo. Ele nos mantém distantes de experimentar a cura, porque nos recusamos a perdoar e não ousamos admitir que estamos erradas. Rouba a intimidade do nosso relacionamento com Deus, porque "Eu posso fazer isso sozinha." O orgulho é sempre prejudicial ao relacionamento, pois teima em afirmar "Eu estou certa e você está errada." Isso nos impede de firmar amizades, porque não estamos dispostas a ser honestas e transparentes.

O orgulho é habilmente maquiado em nossa vida. Do lado de fora parece confiança. No interior, opera como falsa segurança.

O direito é um efeito colateral do orgulho. Se você já pronunciou as palavras, "Isso não é justo", ou "Eu mereço algo melhor", ou ainda

Não existem mães perfeitas

"Eu deveria ter recebido...", você abrigou o orgulho em seu coração. O orgulho é autofocado, autocentrado, autopreservado. É tudo sobre o *eu*; tudo sobre *mim*. Por exemplo, o orgulho pode rastejar em nosso casamento quando o "Eu faço" torna-se "Eu faço melhor do que você." O orgulho nos impede de pedirmos desculpas quando estamos erradas. O orgulho constrói paredes, esmaga a bondade e assassina a intimidade.

O orgulho demonstra o nosso interior feio em nossos relacionamentos com outras mães. Para nos sentirmos melhores sobre nós mesmas, tentamos encontrar maneiras que são "melhores" que as dos outros. Na maioria das vezes essas comparações acontecem apenas em nossa cabeça, mas elas sempre colocam uma distância entre nós e a outra pessoa.

Não deveríamos ser capazes de nos sentir confiantes sem que a confiança nos levasse ao orgulho? Claro que sim! Há uma diferença entre o orgulho e a autoconfiança. O orgulho exige uma voz. A autoconfiança é calma, pouco exigente e despretensiosa. O orgulho acredita que você é a melhor. A autoconfiança acredita que você é capaz. O orgulho é sobre pegar algo. A autoconfiança é sobre oferecer algo.

Então, como o orgulho, ou a autoconfiança, age em minha vida diária como mãe? Ele exige que situações sejam tratadas *da minha maneira* em meu grupo de mães. A autoconfiança respeita os líderes e as diretrizes estabelecidas para o grupo e não entende situações difíceis como assuntos pessoais. O orgulho vê apenas como o *meu* filho foi injustiçado em determinada situação. A autoconfiança percebe que meu filho pode estar tão errado quanto outra criança ou que é capaz de contribuir para uma situação difícil na escola. O orgulho quer que *eu* seja elogiada por meus esforços como voluntária ou funcionária. A autoconfiança executa o trabalho com alegria, sem esperar por tapinha nas costas como reconhecimento.

Mais do que tudo, o orgulho envolve uma corrente apertada em torno de nosso coração, mantendo-nos ligadas à raiva, às demandas e à falta de perdão. Ele envenena e nos rouba as alegrias da vida. Ele também perpetua a nossa tendência para a perfeição que, em última análise, nos aponta o caminho que leva ao fracasso.

Então, se eu "me livrar" do orgulho, o que colocarei em seu lugar? A resposta é a humildade.

Se você é membro da raça humana, provavelmente luta com isso. Vivemos em uma sociedade altamente individualizada, que celebra o "eu" sobre todas as coisas. A humildade, contudo, diz "você" mais do que "eu." Nós, mães, costumamos colocar os outros em primeiro lugar quando estes são os nossos filhos, mas não necessariamente fazemos da mesma forma em nossos outros relacionamentos. Nossa natureza humana quer fazer apenas o que desejamos. "Se eu não forçar o meu próprio caminho, as pessoas vão passar por cima de mim", muitas vezes pensamos em particular.

Enquanto a humildade parece ser fraqueza, a verdade é que ela é um sinal de grande força. A humildade é, inicialmente, colocar o ego de lado. A palavra humildade vem do vocábulo latino *humilitas*, que significa terra ou inferior. Quando estamos "aterradas", não somos tão facilmente influenciadas. Nós estamos firmes no que somos, a quem pertencemos e estamos comprometidas em seguir adiante. Uma pessoa ligada à terra não está à procura de reconhecimento, porque ela está em paz, sabendo exatamente o seu valor aos olhos de Deus.

Humildade também quer dizer submissão. Uma pessoa humilde se submete à autoridade. *Submissão* não é uma palavra que muitas de nós abraçamos. Contudo, antes de pensar em abandonar a leitura deste livro, considere a possibilidade de submeter-se um pouco mais. Quando permitimos que Deus conduza a nossa vida, estamos nos submetendo à sua liderança. Fazemos isso porque confiamos nele como o nosso Criador e acreditamos que ele tem os melhores interesses para nós. Quanto mais somos capazes de nos submeter, mais paz experimentamos. Deus nos diz na Bíblia: "Nada façam por ambição egoísta ou por vaidade, mas humildemente considerem os outros superiores a vocês mesmos" (Filipenses 2.3).

Na maior parte do tempo, o orgulho e a humildade desenvolvem um cabo de guerra dentro de nós. O orgulho acredita que "Eu posso fazer isso sozinha", enquanto a humildade diz: "Eu não posso fazer isso sem você, Deus." Então, o que isso tem a ver com o Vírus da Perfeição e com a maternidade?

Nosso desejo de lidar com a vida "perfeitamente" nos mantém sempre estimuladas e tentando. Estamos tentando ser a melhor mãe que podemos. Estamos tentando colocar diante dos outros um rosto de aparência bela, para que acreditem que estamos fazendo melhor do que realmente somos. Estamos tentando nos convencer de que, se apenas trabalharmos de uma maneira um pouco mais difícil, nos tornaremos as mães que pensamos que deveríamos ser. Mas, em tudo o que tentamos, realmente estamos sendo desonestas com os outros e mais ainda conosco.

Deus nos vê por meio dos olhos da graça. É como se ele estivesse dizendo: "Não continue lutando apenas para que você possa se sentir bem acerca de suas realizações pessoais. Em vez disso, viva em minha graça. Sim, exerça a maternidade da melhor maneira que puder, ou até mesmo com excelência. Mas saiba que eu amo você como você é e não espero que seja "perfeita." Venha encontrar a liberdade em uma relação autêntica comigo e com os outros."

No livro de Provérbios, lemos: "Quando vem o orgulho, chega a desgraça, mas a sabedoria está com os humildes" (Provérbios 11.2). Uau! A humildade traz sabedoria. Eu sei que preciso de mais do que isso! E aqui tem mais: "O orgulho só gera discussões, mas a sabedoria está com os que tomam conselho" (Provérbios 13.10). A humildade diz: "Eu ainda tenho muito a aprender, então vou ter prazer em aceitar conselhos de outras pessoas."

Tire a máscara do orgulho imediatamente. Você estará fazendo a si mesma e às mães de sua comunidade um enorme favor. Quando o orgulho é removido, a honestidade acontece. Em seguida, você descobrirá

SUBSTITUA O MEDO PELA CORAGEM

Meu dedo pairou sobre o botão do mouse. Um clique, e o mundo saberia. Um clique, e meu mundo quebrado iria se tornar de conhecimento público.

Três dias antes, meu marido havia saído de casa e desistido de nosso casamento. Enquanto ele estava lutando, desiludido com a vida durante meses, eu jamais pensei que ele teria a coragem de um dia ficar longe de tudo o que uma vez tinha amado.

Tornando a minha vida pública, eu tinha duas opções: colocar uma máscara na minha cara e fingir que tudo estava bem, ou ser honesta sobre o meu mundo quebrado e meu coração ferido.

Sua honestidade será um catalisador para a honestidade dos outros.

Optei por honestidade, mas o medo era quase paralisante quando me preparei para compartilhar o que estava em meu coração com um post bastante franco em meu blog.

O que as pessoas pensariam? Como poderiam me julgar? Que desagradáveis e-mails e comentários no blog seriam escritos e como eu teria que lidar com isso?

Sou uma escritora e palestrante honesta. Meus livros e mensagens são geralmente construídos em torno de meus sucessos e fracassos. Não invento mentiras ou histórias falsas. Mesmo que eu esteja acostumada a ser vulnerável em público, essa exposição seria como uma nudez da minha vida pessoal em um nível totalmente novo para mim. Eu podia sentir o medo amargo enquanto engolia a realidade das minhas novas circunstâncias.

Reuni toda a coragem que poderia encontrar e cliquei em "publicar" no painel de edição do meu blog. Então, fui para o andar de cima da minha casa, enrolei-me em um cobertor na minha cama e chorei até dormir. A dor era intensa. Meu coração estava literalmente ferido. Eu podia ouvir minha amiga Crystal falando com os meus dois adolescentes na cozinha lá em baixo. *Obrigado, Deus, por essas amigas que expressam amor e cuidado pela minha família no meio desse momento de vida imperfeita que estou experimentando.*

Dormi intermitentemente por algumas horas. Quando acordei, me lembrei das palavras que havia colocado para fora e para o mundo antes de haver me arrastado para a cama. Então, o medo encontrou seu lugar na minha cabeça novamente. O que as pessoas estariam pensando sobre o que escrevi e sobre mim?

Desci a escada do meu quarto lentamente, parando para conversar com meus dois filhos adolescentes, de coração partido, ao longo do caminho. Eles haviam derramado mais lágrimas nos últimos três dias do que em qualquer outro momento da vida deles, mas pareciam estar preparados para enfrentar essa crise melhor do que eu estava naquele momento.

Sem pensar, fui direto para o meu computador clicar no post mais recente, e vi as dezenas de comentários postados. Confesso que me preparei para as críticas, mas em vez disso o que eu vi foi amor, esperança e encorajamento. Palavras de verdade compensaram as mentiras que ao longo dos últimos dias foram alimentando o medo. Palavras de empatia, graça e misericórdia pareciam saltar da tela do computador para me dar um abraço cibernético, muito necessário naquele momento.

Eu tinha me preparado para receber o mesmo tipo de *feedback* que já havia recebido quando da ocasião do anúncio da presença de Michelle Duggar em nossos eventos, mas confesso que não vi nenhum deles naquele dia e muito poucos similares a eles nos dias e semanas que se sucederam. Sim, ali havia algum comentário negativo, mas nada do que eu temia ou pensava não conseguir aguentar.

Grande parte do tempo o medo nos impede de sermos honestas com outras mães. Tememos o que os outros vão pensar. Temos medo de

O antídoto

parecermos fracas ou algo menos do que perfeitas. Temos receio de que vamos ser "descobertas", e que os outros vão perceber que não temos de fato toda a força interior da mesma forma e intensidade como retratamos na nossa aparência exterior. Tememos o julgamento e a crítica dos outros. Temos medo da rejeição.

Na verdade, alguns de nossos medos são válidos. Às vezes, julgamentos e críticas podem de fato acontecer. No entanto, na maioria das vezes eles não são da forma como pensamos ou tememos. E, infelizmente, enquanto isso os nossos medos assumiram uma vida própria, mantendo-nos distantes das relações honestas que ansiamos. O medo gera isolamento simplesmente porque temos a certeza de que ninguém nunca se sentiu assim antes. Não temos dúvida de que somos a *única* pessoa que já enfrentou esse tipo de crise.

Alguém certa vez descreveu o medo como uma falsa evidência parecendo real.

Um provérbio sueco diz: "A preocupação dá a uma coisa pequena uma grande sombra." Ambos os aforismos são bastante verdadeiros. Convencemo-nos de que algo é maior do que realmente é. Imaginamos algo pavoroso em nossa mente. No entanto, grande parte do tempo, o que nos preocupa, ou provoca medo, nunca se transforma em realidade. Perdemos tempo e energia com esse ladrão que perpetua o Vírus da Perfeição e nos mantém isolados das outras pessoas.

Assim, se quisermos superar o medo, como vamos substituí-lo? Temos que colocar em seu lugar a coragem. Eleanor Roosevelt disse certa vez: "Você ganha força, coragem e confiança a cada experiência em que realmente parar para encarar o medo... Você deve fazer algo que pensa não poder fazer." Fazer alguma coisa que você pensa não poder fazer é coragem! Coragem não é a ausência de medo. Em vez disso, é a determinação de que outra coisa é mais importante do que o medo.

Mulheres corajosas ainda são, de alguma forma, temerosas; elas apenas não permitem que o medo as paralise. Se estamos esperando o medo ir embora para que a coragem surja, isso jamais vai acontecer. Em vez disso, a coragem aparece em cena, enquanto o medo ainda se faz presente.

Na Bíblia, Deus diz: "Seja forte e corajoso! Não se apavore, nem desanime, pois o SENHOR, o seu Deus, estará com você por onde você andar" (Josué 1.9). Nossa coragem vem da certeza de que não estamos sozinhas. Deus está conosco. Ele é a nossa força. Ele nos ajudará a tirar o medo e colocar em seu lugar a coragem.

Então, com quem precisamos ser honestas? Em primeiro lugar, precisamos ter honestidade com nós mesmas. Se internamente esperarmos a perfeição, estaremos sempre insatisfeitas, decepcionadas e desencorajadas. Precisamos de coragem para sermos honestas, entendendo de uma vez por todas que a perfeição é impossível. Precisamos repensar a vida de alguma maneira e nos ver com os olhos da graça e amar-nos, apesar de nossas imperfeições fazerem parte de nossa vida.

A melhor maneira de isso acontecer é aprendendo a ver-nos como Deus nos vê. Ele nos ama, apesar das nossas falhas. Ele nos vê com os olhos da graça. Quanto mais entendemos o seu amor incondicional, mais podemos aprender a nos amar e a amar os outros incondicionalmente. Precisamos deixar que Deus nos defina, e não os outros. Se fizermos isso, podemos descansar, apesar da nossa imperfeição, sabendo que o amor de Deus por nós não é baseado em nosso comportamento. Esse é um dos melhores remédios do qual podemos fazer uso na batalha contra o venenoso Vírus da Perfeição.

Uma vez que formos honestas com nós mesmas, será muito mais fácil sermos honestas com outras pessoas. Se o nosso verdadeiro valor tem por base a maneira como Deus nos vê, então é mais fácil sermos honestas com os outros, porque o que eles pensam sobre nós ou como eles nos respondem já não nos define mais. Honestidade gera honestidade. Sua honestidade vai ajudá-la a extrair a honestidade de outros. Ao admitir as suas necessidades, você cria uma zona de segurança para que as suas amigas façam o mesmo.

A minha decisão de ser honesta sobre meu casamento foi algo duro de fazer. No entanto, por ter colocado a coragem no lugar do medo, Deus abriu as comportas celestiais. Os e-mails e mensagens no Facebook chegavam de outras mulheres que também estavam enfrentando problemas e dificuldades no casamento. Eu não esperava por isso! Deus estava permitindo que a minha dor ajudasse outras pessoas que também estavam passando por uma experiência dolorosa na mesma área. Eu não tinha todas as respostas para os problemas delas. Em vez disso, eu tinha empatia e compaixão. Quando você está com dor, uma das coisas mais importantes a fazer é conectar-se com outras pessoas que entendem o seu quadro atual por já haverem passado por coisa semelhante. Descobri que a minha honestidade permitiu que outras mulheres pudessem ser honestas também. Todas nós tiramos as máscaras e mostramos honestidade. Sem perfeição, e apenas com a vida real, é muitas vezes mais difícil. Meu marido voltou para casa, e Deus está trabalhando nessa situação, fazendo o bem a partir de algo que o inimigo intentava conduzir para o mal. Sou muito grata por isso.

O Vírus da Perfeição ganha espaço quando o medo prevalece. Ele perde seu controle sobre nós quando a coragem alcança êxito. Portanto, substitua o medo pela coragem em sua vida a partir de hoje. Ela irá ajudá-la a manter-se firme em quem você é e vai fazer de você alguém menos influenciável por terceiros.

SUBSTITUIA A INSEGURANÇA PELA CONFIANÇA

– Eu tenho medo de feri-lo – disse Carla quando a enfermeira colocou o seu filho recém-nascido em seus braços pela primeira vez.

– Não se preocupe, Carla – a enfermeira respondeu. – Você é tudo de que o seu filho precisa.

Algumas de nós, mulheres, entram na maternidade sentindo confiança em suas habilidades. Cuidávamos de alguns sobrinhos, quando ainda estávamos no ensino médio. Ou algumas de nós tinham irmãos

Não existem mães perfeitas

mais novos que, de alguma forma, ajudamos a cuidar. Outras são apenas cuidadoras naturais que fazem a transição para a maternidade sem grandes problemas.

Muitas mães, no entanto, lutam com o sentimento de incompetência para realizar esse trabalho. Duvidamos de nossas habilidades. Questionamos se realmente temos o que é preciso para educar uma criança e prepará-la para a vida. Nós titubeamos quando erramos. E nos condenamos quando perdemos a paciência.

A insegurança aparece quando as vozes dentro de nossa cabeça nos dizem que não somos boas ou preparadas da forma apropriada e suficientes para determinada tarefa. *Eu não sou suficientemente paciente para ser uma boa mãe. Não sou experiente o suficiente para ser a presidente da Associação de Pais e Mães da escola. Não sou instruída o suficiente para ajudar meus filhos no dever de casa. Não sou corajosa o suficiente para deixar o meu trabalho e encontrar outro mais apropriado para o exercício da minha maternidade. Não sou boa em cultivar amizades. Não sou inteligente o suficiente para aprender a fazer determinada tarefa no computador.*

"Eu não posso" parece ser mais simples de acreditar do que "Eu posso."

As vozes negativas que ecoam em nossa cabeça nos mantêm com a sensação de que somos menos capazes do que outras. "Eu não posso" parece ser mais simples de acreditar do que "Eu posso." Não apenas isso, mas essas vozes negativas também nos impedem de viver todo o nosso potencial.

Quando estamos lutando contra o Vírus da Perfeição, a insegurança nos paralisa de muitas maneiras. Se quero arrumar a desordem em minha casa, mas quero que fique perfeito (ou seja, quero minha casa parecendo com a de uma revista!), provavelmente não devo sequer começar o trabalho, pois no fundo sei que não posso fazê-lo perfeitamente. Perfeccionismo é o melhor amigo da procrastinação. Eu amo Marla Cilley, conhecida na internet como "The FlyLady." Ela diz que "um bom trabalho realizado hoje é melhor do que o trabalho perfeito não realizado amanhã." E isso é verdade!

A insegurança é também algo que devemos temer. Quando precisamos agir com coragem, a insegurança mantém os *"e se"* diante dos nossos olhos. *E se eu disser uma coisa errada? E se eu disser que posso fazer isso, mas depois descobrir que realmente não posso? E se eu deixá-la para baixo? E se...?* Algumas vezes nos apegamos ao "e se" de tal forma que ficamos paralisadas e atemorizadas.

Se a insegurança nos mantém estagnadas na dúvida, a confiança é a chave que destranca as correntes de insegurança que nos prendem. A insegurança diz: "Eu não posso." A confiança diz: "Eu posso, porque Deus vai me ajudar de alguma forma!"

A verdadeira confiança é, na verdade, "confiança em Deus." Não é sobre acreditar em nós mesmas, mas é sobre acreditar no que Deus pode fazer por meio de nós. É mudar a mensagem dentro de nossa mente que diz "Eu não posso" para "Deus pode." A Bíblia confirma isso em Jeremias 17.7: "Mas bendito é o homem cuja confiança está no SENHOR, cuja confiança nele está."

A confiança reconhece um plano divino. Nós fomos criadas para ter uma vida em relacionamento com o Deus que nos fez. Sua graça cobre as nossas imperfeições. Quando aprendemos a nos ver por intermédio dos olhos de Deus, podemos aceitar as nossas imperfeições e descansar em seu amor e graça.

Confiança também acontece quando celebramos o que Deus nos criou para ser, em vez de lamentar por aquilo que não somos. A insegurança nos mantém olhando para outras mulheres, desejando ser quem elas são: mais criativas, mais magras, mais inteligentes, mais pacientes, melhores na cozinha. E a longa lista continua. Contudo, a confiança acontece quando celebramos nossos pontos fortes e acolhemos nossas fraquezas. Nossos pontos fortes devem ser como a impressão digital de quem nós fomos projetadas para ser. Assim, encontraremos contentamento em ser quem somos, não em quem não somos.

O que isso quer dizer na prática? Imaginemos que você esteja navegando na internet e resolva baixar um aplicativo para se organizar melhor. Se você usá-lo apenas para ter ideias e mantê-las organizadas para facilitar a organização, ele pode ser um aplicativo pouco útil. A verdade é que muitas de nós passamos pela vida apenas observando boas ideias de outras mulheres e nunca as colocamos em prática. Vemos muitas ideias maravilhosas e como outras mulheres fazem coisas novas e interessantes, e então começamos a pensar: *Eu sou uma mãe terrível porque não faço a comida das minhas crianças igual à de uma foto publicitária de tal revista.* Ou, *Estou falhando porque a minha casa não está organizada da maneira que deveria estar.* A insegurança diz: *Oh, não, eu não estou à altura. Não sou uma mãe tão boa como essa pessoa é.* A confiança diz: *Bom para estas mulheres que partilham suas ideias. Fico feliz porque não somos todas feitas a partir de um mesmo molde. Essas são grandes ideias, mas muitas delas não são para mim. Não sou artista nem tenho capacidade para realizar trabalhos artesanais, mas ainda assim me sinto feliz por ser capaz de fazer outras coisas.*

Se você quiser se livrar do Vírus da Perfeição, comece a se mover da insegurança para a confiança. Tire os olhos de si mesma e coloque-os em Deus. Ele irá equipá-la com tudo de que você precisa para os relacionamentos e responsabilidades que lhe foram dados. A insegurança é a escravidão de quem não somos. A confiança é a liberdade para quem nós somos!

SUBSTITUA O JULGAMENTO PELA GRAÇA

Emily entrou no estacionamento do parque da cidade. Assim que estacionou, suas meninas saíram do carro e se dirigiram para seu brinquedo favorito. Emily as seguia de perto. Ela adorava levá-las para brincar ali.

O antídoto

Enquanto riam e brincavam, Emily percebeu um casal de crianças no parque brincando sozinho, sem os pais. Então, ela notou a mãe delas sentada no carro. Logo se tornou óbvio que aquelas crianças brincando sozinhas pertenciam àquela mãe "irresponsável." *Você não pode sair do carro?*, Emily pensou. *É pedir demais que você saia e brinque com seus filhos?*

Embora a maioria de nós hesite em admitir, todas nós já tivemos esses pensamentos a respeito de outra mãe. Talvez seja alguém que conhecemos ou mesmo uma completa estranha, enquanto andamos pelo parque, no supermercado ou até mesmo no estacionamento da escola. Nosso espírito de julgamento entra em ação sem que sequer percebamos.

Seis meses depois. Emily agora está grávida do seu terceiro filho, e é uma gravidez bem difícil, havendo, inclusive, um certo risco para a mãe e o bebê. Com bastante náusea, ela mal consegue trabalhar. Certa tarde, suas meninas lhe pedem para brincar no parque. Emily inicialmente resiste aos apelos delas, mas por fim concorda em levá-las. "Meninas, vou levá-las para o parque, mas a mamãe não pode brincar com vocês hoje. Não estou me sentindo bem."

Conforme ela se dirigia ao estacionamento, a náusea aumentou. Quando elas chegaram ao parque, Emily encontrou um ótimo lugar perto do playground para que pudesse manter os olhos em suas meninas. Enquanto estava sentada no carro, se esforçando para não vomitar, ela ficava cada vez mais enjoada, e ainda lhe passava pela cabeça outro pensamento: *Ó meu Deus. Agora eu sou "aquela mãe" que não pode sair de seu carro para brincar com seus filhos. Se qualquer outra mãe vier para este estacionamento vai pensar o pior de mim, como eu fiz com aquela mulher alguns meses atrás!*

O que Emily havia experimentado é chamado de culpa. Deus usou essa situação para lembrá-la que ela havia julgado uma mãe alguns meses antes. Essa culpa é uma coisa boa, porque nos responsabiliza e nos motiva a mudar. Emily percebeu o julgamento injusto que tinha feito da outra mãe, e agora, mais do que nunca, estava consciente do perigo de um julgamento precoce.

Estou orgulhosa de Emily. Estou orgulhosa pela forma como ela examinou seu coração e permitiu a correção graciosa da parte de Deus. Estou orgulhosa por ela ter tido a coragem de dividir essa história com sua mãe, que acabou compartilhando comigo. No entanto, não acho que Emily esteja sozinha em sua tendência de julgar. Se formos honestas, a maioria de nós reconhecerá que na maior parte do tempo vemos umas às outras por meio do olhar da crítica mais do que da graça.

Emily poderia ter tido uma visão diferente e compassiva daquela mãe na primeira vez que a viu no estacionamento. Ela poderia ter pensado: *Por que será que ela não está brincando com seus filhos? Talvez esteja neste momento com o coração magoado ou atravessando um luto pela perda de um dos seus pais ou até mesmo de um filho. Talvez seu casamento esteja uma confusão, e ela simplesmente não está conseguindo se recompor. Talvez esteja doente, lutando contra algo terrível, como um câncer ou outra doença igualmente debilitante. Talvez ela esteja apenas se sentindo bastante enjoada, apesar de uma gravidez saudável.*

Se eu for honesta comigo mesma, terei de admitir que provavelmente eu tivesse feito da mesma forma que Emily fez da primeira vez. Isso parte meu coração e me envergonha, mas é verdade. Não quero ser assim! Por que temos a tendência de pensar o pior de outras mães? O que nos impede de dar uma à outra o benefício da dúvida? Por que logo pender para um julgamento em vez de dar a bênção da graça?

Aqui é onde o Vírus da Perfeição tem se tornado uma epidemia. Ele não nos infecta apenas com orgulho, medo e insegurança. Agora impomos as nossas expectativas "perfeitas" sobre os outros: nossos filhos, nossos cônjuges, nossos amigos e até mesmo sobre pessoas estranhas. Essa é a doença que começou a "guerra das mães", pegando mães que são donas de casa e as colocando contra mães que trabalham. A mania de julgar construiu enormes muros entre nós, e é hora de derrubá-los.

O antídoto

Julgar é feio. Exigimos demais. Criticamos. Dividimos. Destruímos. E isso nos impede de ver nossas próprias falhas. O julgamento impõe nossas opiniões sobre as de outras pessoas. Ele deixa pouco espaço para os outros poderem ser diferentes de nós, porque enxerga essas diferenças como algo errado.

Se você descascar as camadas do julgamento, encontrará o orgulho em seu núcleo. O orgulho diz: "Eu sei mais", ou "Meu caminho é o melhor caminho", ou "Você não sabe como fazer isso bem feito como eu." Para muitas de nós, o espírito crítico do julgamento é muito presente no casamento. O homem que não fazia nada de errado antes de termos filhos não pode fazer mais nada certo agora que temos. Ele não pode sequer trocar as fraldas direito, não pode dar banho da forma correta e segura, não pode vestir bem as crianças e certamente não pode cuidar delas na minha ausência, pelo menos da forma como eu cuido.

Às vezes, julgar traz dificuldades enormes ao longo da nossa maternidade. À medida que os filhos ficam mais velhos, eles passam a ter suas próprias opiniões, e começam a tomar suas próprias decisões. Suas verdadeiras personalidades emergem, e se eles forem, de alguma forma, diferentes de nós (ou, pior ainda, se eles nos desafiarem da mesma maneira que nós fazemos), podemos nos tornar críticas, sem perceber os enormes danos que estamos causando a eles.

Quando passamos tempo com uma amiga e o mau comportamento do filho dela começa a nos irritar, nosso julgamento pode fazer mal aos nossos filhos. Nós pensamos algo como: *Se ela tivesse respondido pela primeira vez, seu filho não teria que dizer "mamãe" mais de vinte vezes!* ou *Ela não sabe disciplinar. Se fosse um pouco mais rígida, ela teria filhos mais bem-comportados.* Sem perceber, começamos a construir um muro. O julgamento é o tijolo, e o orgulho é a argamassa que segura firme todos esses blocos no lugar.

Esse tipo de Vírus da Perfeição é tão perigoso que exige um antídoto mais forte. Precisamos da força e da sabedoria de Deus e, acima de tudo, de seu exemplo para nos ajudar na cura dessa doença que tenta nos controlar.

O único remédio para o julgamento é a graça. E o que é a graça? A graça é quando merecemos punição, mas recebemos misericórdia em seu lugar. Ela é um dos pontos mais importantes do nosso relacionamento com Deus. A graça de Deus não tem como ser conquistada. Em vez disso, ela é dada livremente. Nós apenas temos que aceitá-la como o belo presente que é!

Nos relacionamentos humanos, a graça permite que os outros possam ser apenas humanos, e que, ao cometer erros, não sejam criticados por cada pequena coisa que façam errado ou de uma maneira diferente de como fazemos. Às vezes, nós desperdiçamos muito tempo e energia criticando as menores coisas que os nossos cônjuges, nossos filhos, nossos amigos e nossos vizinhos fazem. Chegamos a conclusões sobre pessoas que não conhecemos. O que nossa vida iria demonstrar se substituíssemos o julgamento pela graça? Que liberdade experimentaríamos se nos tornássemos doadores da graça em vez de juízes dos outros?

Vamos começar por nós mesmas. Às vezes somos duras com os outros, porque somos assim também conosco. Já que as nossas expectativas são elevadas demais, ficamos constantemente desapontadas com nossa própria performance. O que aconteceria se você dissesse isso a si mesma na próxima vez que cometer um erro: "Eu não sou perfeita, e o que acabei de fazer foi uma trapalhada. Todos nós cometemos erros, então eu mesma vou me dar a graça, aprender com o meu erro, pedir as desculpas que forem necessárias e seguir em frente." É isso aí. Não se torture, não repita o incidente várias vezes em sua mente para se culpar nem mesmo ouça a voz dentro de sua cabeça dizendo palavras negativas. Você pode imaginar a liberdade que poderia experimentar se deixasse de valorizar tanto suas expectativas sobre não cometer erros?

O antídoto

Vamos pensar sobre como você, sendo uma mulher cheia de graça, pode afetar um casamento. Minha amiga Carolyn deixou a graça entrar em seu casamento. Um dia depois de seu marido John ser "corrigido" pela enésima vez sobre como encheu da forma errada a máquina de lavar louça, ele levantou as mãos e disse: "Eu não faço nada direito aos seus olhos!" No começo, Carolyn recuou e tentou racionalizar, porque pensou que sua maneira de fazer era melhor. Mas então, finalmente, ela parou e percebeu que John estava certo. Ela havia criticado cada pequena coisa que ele tinha feito, porque, sendo honesta consigo mesma, ela pensava que tudo o que fazia era melhor do que ele.

A graça é quando nós merecemos punição, mas recebemos a misericórdia.

Quanto dano fazemos tendo um espírito crítico! A partir desse episódio, Carolyn se empenhou em substituir seu criticismo pela graça. Ela descobriu que isso significava manter a boca fechada com muito mais frequência do que estava até então acostumada! Mas com o passar do tempo, o seu casamento começou a experimentar a cura de uma doença que até aquele dia ela não tinha conhecimento de que existia, e de maneira tão arraigada e forte.

O que você acha que aconteceria se resolvêssemos oferecer graça com mais frequência aos nossos filhos? Será que isso significaria que, como pais, estaríamos "pegando leve" com eles? Será que reduzir as nossas expectativas diminuiria o nosso senso de responsabilidade? Na verdade, a graça faria o oposto. Em primeiro lugar, nós os elogiaríamos com mais frequência do que os criticaríamos. Isso não quer dizer que daríamos "moleza" aos nossos filhos. Em vez disso, daríamos a eles um grande coração. Uma criança que cresce em um ambiente crítico torna--se facilmente uma pessoa crítica. Se uma criança se sente apoiada, amada e valorizada, ela pode crescer sendo um adulto sensível, amoroso e bondoso. Segundo, crianças que vivem em uma família cheia de graça entendem que mesmo quando falharem serão amadas. Elas aprendem, na verdade, que cometer erros faz parte da vida. Aprendemos com nossos erros. Assim, nós crescemos mais fortes. E nos movemos para uma vida melhor. Percebemos que falhar é uma parte natural da experiência humana. Uma paternidade cheia de graça define o ritmo para esse ambiente familiar que dá vida.

Fora das relações familiares, substituir o julgamento pela graça pode transformar o mundo em um lugar mais amável, mais agradável para se viver. Ela vai transformar igrejas em lugares seguros para as relações que devem ser cultivadas. E fará com que os grupos de mães sejam lugares agradáveis para encontrar e experimentar novas amizades. Isso fará com que quando levarmos nossos filhos para o parque não seja um problema, ainda que estejamos doentes e que por isso tenhamos de permanecer sentadas no carro. Nesse momento as pessoas nos verão com os olhos da compaixão. Uau! Você pode imaginar a liberdade que a graça poderia trazer para a nossa vida e a cura que iria trazer para os nossos relacionamentos?

Nosso mundo precisa de mais compaixão, mais misericórdia e, definitivamente, mais graça. Vamos nos comprometer a fazer essa mudança já a partir de hoje. Nós podemos fazer a diferença neste mundo, respondendo sempre com graça a cada vez que formos solicitadas.

OBSERVE ESSAS EXPECTATIVAS

Jamie participou pela primeira vez de uma conferência de Hearts at Home e depois fez uma postagem refletindo sobre seu tempo junto com outras mães durante o evento. Ela percebeu que precisa desesperadamente "controlar sua loucura." Ela notou que tem de fazer algo a respeito de suas expectativas distorcidas.

Eu sou definitivamente uma mãe que se sente como uma louca na maior parte do tempo. Louca para postar fotos com um coelho vivo para a Páscoa. Louca, porque em todos os pratos que cozinho estou tentando fazer malabarismos. Louca, porque sinto que *deveria* ter um jantar quente, saudável e cordial na mesa em vez dos meus filhos estarem comendo sanduíche de queijo e presunto de novo. E enquanto minha loucura não desaparece, este blog definitivamente me ajuda a me controlar quando percebo que quase todas as mães que conheço estão se sentindo da mesma maneira.

O consenso ao qual cheguei com as minhas amigas, enquanto estávamos falando no evento, é que em nossa loucura realmente tudo se resume às expectativas distorcidas. Em nossa mente, criamos certos ideais, algo como os "deveres" da vida, por assim dizer, e enquanto essas expectativas não forem atendidas, a minha loucura vai aumentando. Quando coloco um sanduíche de queijo e presunto na mesa, uma pequena parte de mim sente como se estivesse falhando, porque não estou cumprindo uma das (muitas) expectativas que tenho para mim como mãe. Eu me sinto culpada. E me sinto como uma mãe ruim. E isso é apenas um pequeno exemplo. Quando se trata de grandes ideais de imagens projetadas que idealizei, meus sentimentos e pensamentos negativos são muito piores[1].

Jamie colocou o dedo na própria ferida quando falou sobre suas inalcançáveis expectativas. Nossas expectativas são muitas vezes o que nos impede de desfrutar nossa vida real, nossas famílias reais, nosso corpo real e nossas casas reais. Na maioria das vezes as nossas expectativas são irreais e incongruentes com as realidades da vida. No entanto, não acredito que precisemos *reduzir* as nossas expectativas. Creio que precisamos *mudar* nossas expectativas. *Baixas expectativas* parecem indicar que estamos "acomodadas" com algo menor. *Mudando expectativas* indica a

---

1 Jamie Weitl, "Control Your Crazy", Liberating Working Moms ("Controlando sua loucura", Liberando mães que trabalham) [blog], 30 de março de 2012, http://liberatingworkingmoms.com.

necessidade de transformar ou modificar o nosso pensamento. Com mais frequência do que imaginamos, temos de mudar a nossa perspectiva para lidar melhor com a vida real. Precisamos mudar expectativas irreais para alcançar as expectativas reais.

Quando mudarmos nossas esperanças e desejos para o reino da realidade, ficaremos desapontadas com menos frequência conosco e com os outros. Aceitaremos a imperfeição e a liberdade da autenticidade. Nas páginas seguintes, você vai ouvir o desafio para mudar suas expectativas, além de saber como aplicar o antídoto ao Vírus da Perfeição. À medida que avançamos do idealismo ao realismo, vamos realmente experimentar um sentimento de contentamento, honestidade e paz que todas nós almejamos.

Até aqui verificamos como injustamente nos comparamos com outras pessoas, mostrando que todas nós, de uma forma ou de outra, lutamos com os mesmos desafios na vida e procuramos identificar como a nossa cultura tem sido inundada com o Vírus da Perfeição pela mídia e pela tecnologia.

Nós também já identificamos o que mantém o tal vírus fazendo estragos em nossa vida e os antídotos que podem começar a erradicar essa horrorosa doença que afeta a maneira como vemos a nós mesmas e aos outros. Temos também estabelecido que as expectativas irreais nos mantêm com os sentimentos de frustração e descontentamento inertes. Agora, é hora de aplicar esse novo conhecimento às áreas específicas de nossa vida. Corpos perfeitos, casamentos perfeitos, filhos perfeitos e casas perfeitas simplesmente não existem. Então, como vamos mudar as nossas expectativas e fazer as pazes com as partes imperfeitas de nossa vida, encontrando a autenticidade que todas nós estamos realmente procurando?

Vá para a página seguinte e descubra o que a "vida real" de fato é quando as mães tiram suas máscaras, são honestas e revelam suas próprias imperfeições. Você vai achar que sua vida "imperfeita" não é tão diferente da vida imperfeita de outras mães. Você não está tão sozinha como se sente algumas vezes. O mais importante, porém, é que há uma liberdade incrível para ser encontrada por você quando puder realmente compreender essa realidade.

CAPÍTULO 3

NÃO EXISTEM FILHOS *perfeitos*

Um dos meus filhos adolescentes trouxe um amigo para passar a noite em nossa casa, e os dois perguntaram se poderiam dormir no porão, onde havia uma pequena sala de TV e jogos. Como eles já haviam dormido por lá muitas vezes, eu permiti, para que pudessem assistir a um filme até mais tarde.

Às três horas da manhã, esses dois adolescentes entraram no meu quarto e me acordaram de um sono profundo.

– Mãe – disse o meu filho. – Nós decidimos "tipo" dar uma fugida de casa.

– O quê? – Eu murmurei, ainda sonolenta.

– Mamãe... bem... nós meio que decidimos dar uma escapada de casa para ir fazer um lanche na rua... e... bem... nós meio que fomos parados por um policial porque uma luz traseira do carro não está funcionando direito... e... então... nós meio que ficamos em apuros por causa do horário de toque de recolher... e,

51

bem... o policial está lá embaixo na cozinha e ele meio que quer falar com você.

– O que você está "meio que" falando? – respondi, querendo me acordar. – Isto não é uma piada de mau gosto, é?

Ouvi risos nervosos de ambos os rapazes.

– Queríamos muito que fosse uma piada, mas não é. Você poderia vir falar com o policial que está lá embaixo lhe esperando?

Saí da cama, vesti meu roupão e desci as escadas até a cozinha. Era verdade, havia um policial na minha casa às 3 da manhã.

Que belo lembrete: Não existem filhos perfeitos.

Agora, se você é mãe de uma criança de dois anos de idade, essa afirmação pode assustá-la um pouco. Não deixe que isso aconteça. Em vez disso, aproveite para aprender com minha história e aceite a realidade. Filhos cometem erros. Eles fazem escolhas ruins algumas vezes; seja ele um menino de dois anos de idade que decide atacar as prateleiras do supermercado atrás de um doce, ou um adolescente de 17 anos dando uma escapada rápida de casa, sem avisar. Isso é a vida real. Bem-vinda à maternidade.

Com cinco filhos, meu marido e eu temos lidado com nossa justa medida de desafios dos "filhos reais": mau comportamento em público, mentira, engano, roubo, falta às aulas. Tivemos de gerir TDAH (Transtorno do Déficit de Atenção com Hiperatividade) e os desafios da aprendizagem de uma criança adotada internacionalmente que não falava inglês até os nove anos de idade. Houve grandes problemas, inclusive experiências com álcool e cigarros, escolhas erradas de amizades, além de rebelião contra a igreja e a nossa fé.

Crianças cometem erros. Bem-vinda à maternidade.

Se você é mãe de filhos pequenos, apenas o fato de ler isso pode causar preocupação em você em relação ao futuro. Se você é mãe de adolescentes, que estão sujeitos a situações como a que contei, imagino que tenha dado um suspiro de alívio sabendo que você não é a única a passar por esses tipos de problemas. Independentemente de que período da maternidade você ainda esteja, quero compartilhar a realidade que eu pessoalmente verifiquei: *seus filhos não são perfeitos*. E suas imperfeições não são um reflexo seu. Você não pode controlá-los em direção à perfeição. Permitir que seus filhos errem sem enfrentarem a sua raiva como consequência é um presente para eles. A coisa mais bonita que você pode lhes oferecer é a sua própria imperfeição, que tentou sempre fazer o melhor para lidar com suas imperfeições com amor e graça.

OBSERVE ESTAS EXPECTATIVAS

Os pais precisam apresentar alguma visão de mundo aos seus filhos. Precisamos estabelecer normas para realização e comportamento, bem como dar limites para ajudar cada criança a atingir essas normas e metas. Se você não educa uma criança o suficiente ou não dá limites para um adolescente, saiba que o ajuste de expectativas é uma parte importante da vida dos pais.

Mas as expectativas são perdidas quando, como pais, esperamos que nós mesmos sejamos perfeitos e, por conta disso, também esperamos que os nossos filhos sejam perfeitos. Com esse tipo de expectativa, acabaremos sempre decepcionadas e desiludidas. Precisamos ajustar nossas expectativas para podermos antecipar erros e até mesmo prever mau comportamento. Isso pode até parecer pessimismo, não é? Ou seria simplesmente realismo?

Expectativas irreais nos mantêm perpetuamente decepcionadas conosco e com os nossos filhos. Isso não é uma maneira saudável de viver. Não é saudável para nós pessoalmente, e não contribui para um ambiente familiar saudável para qualquer criança.

Muitas vezes nem sequer percebemos que esperamos que nossos filhos sejam perfeitos. Se alguém nos perguntar se esperamos a perfeição, possivelmente a nossa resposta defensiva seria: "Claro que não!" No entanto, às vezes, as nossas expectativas são inconscientes. Sabemos que, racionalmente, ninguém é perfeito, inclusive para aqueles que dizem não esperar a perfeição. No entanto, na realidade, ficamos frustradas cada vez que temos que lidar com problemas de comportamento. Se de fato formos honestas, teremos de admitir que realmente esperamos a perfeição, ou pelo menos algo bem próximo dela.

Verdadeiro ou Falso?

Veja se este pequeno teste pode ajudá-la a ser honesta com você mesma.

– Estou muito satisfeita com quem meu filho é, e não mudaria nada em sua personalidade ou características pessoais.

– Quando cometo um erro, eu me perdoo e sigo em frente. E raramente penso sobre esse assunto de novo.

– Eu sou (ou serei) plenamente compreensível com o meu filho, mesmo quando ele não consegue excelentes notas na escola.

– Não fico constrangida quando meu filho falha; eu o ajudo, se puder, e em seguida seguimos em frente. Tentamos não trazer de volta os erros do passado.

– Quero ajudar meu filho a ter sucesso na vida e em seus relacionamentos, mas não faço muitos planos, já que ele vai fazer suas próprias escolhas.

– Eu, honestamente, valorizo as habilidades dadas por Deus ao meu filho, em vez de forçá-lo a participar das atividades que eu gosto (ou gostava quando criança).

– Aprecio a maneira como meu filho é diferente de mim.

– Quando faço algo tolo, sou capaz de rir de mim mesma.

– Quando o meu filho faz algo tolo, somos capazes de rir juntos da situação.

– Raramente fico com raiva se meu filho faz uma bagunça.

Se você respondeu "Falso" para cinco ou mais dessas perguntas, provavelmente têm grandes expectativas a seu respeito e também de seu filho. O primeiro passo para a definição de expectativas realistas é reconhecer as expectativas irreais que você tem nutrido sobre seus filhos. Expectativas irreais desencorajam. Expectativas realistas inspiram. Dê um pouco de folga aos seus filhos, dê-lhes um pouco de graça, e observe a dinâmica da sua família mudar bem diante dos seus olhos!

A mamãe monstro aparece em sua casa de vez em quando? Quando a mamãe monstro grita, sua raiva afeta toda a família. Alguns anos atrás, comecei a perceber que ela estava aparecendo na minha casa com mais frequência do que eu gostaria, e isso me deixava bastante desconfortável. Quando sondei quais razões a trouxeram para dentro do meu lar, percebi que as minhas expectativas irreais estavam contribuindo para a minha loucura. Até então eu não estava estimando com precisão as habilidades reais das minhas crianças. De fato, eu estava esperando muito em pouquíssimo tempo.

Recentemente, observei uma jovem mãe lutando com esse mesmo problema de esperar muito de seus filhos em pouco tempo. Ela estava frustrada com sua pequena filha de dois anos, a quem pressionava constantemente até os seus limites pessoais. Ela também tentava treinar sua pequena menina. E queria parar com as batalhas de limites, e, além disso, queria que a filha já deixasse de usar fraldas. O problema é que nenhuma dessas metas era possível para uma criança de dois anos, especialmente quando se tenta realizar todas ao mesmo tempo. Essa mãe bem-intencionada não era objetiva ao tentar estimar a capacidade real de sua filha. Ela estava esperando muito, e em um espaço de tempo muito curto, o que resultou em estresse para ela e a criança.

Muitas de nós superestimamos a capacidade de nossas crianças para exercitar o autocontrole, manter o foco em uma única tarefa e lidar com situações sociais de conflito. É normal para uma criança de dois anos de idade ficar chateada quando não consegue algo que deseja. É normal para uma criança de três anos de idade se estressar se houver uma mudança em seu horário rotineiro de dormir. É normal para uma criança de cinco anos sonhar no meio de um jogo de futebol. É normal para um menino de 12 anos de idade ficar mal-humorado. É normal para um adolescente ser irresponsável de vez em quando.

Muitas vezes deixamos nossa própria impaciência assumir a liderança e repreendemos os nossos filhos de forma irritada, justamente porque, no fundo, esperamos que eles possam agir melhor do que realmente são. Nós perdemos a perspectiva do que é um comportamento normal para determinada idade ou estágio de desenvolvimento. Ficamos com raiva porque eles não vivem segundo as nossas expectativas elevadas, e então a mamãe monstro ressurge com toda força e vigor. Isso acontece frequentemente ao longo da infância e da adolescência, e até mesmo durante a juventude. No livro *Got Teens?* (Tem adolescentes?), que escrevi em coautoria com Pam Farrel, falamos sobre essa questão, especificamente com adolescentes:

Dr. Jay Giedd, do Instituto Nacional de Saúde, tem realizado um estudo nos últimos treze anos sobre a mente dos adolescentes. Ele e seus colegas da UCLA, Harvard e Montreal Neurological Institute, descobriram alguns insights interessantes. Costumava-se acreditar que o cérebro da criança estava quase completo aos 12 anos de idade, mas o Dr. Giedd descobriu o que todas nós, mães de adolescentes, já sabíamos o tempo todo: eles ainda não estão totalmente desenvolvidos! (Ele pode ter experimentado isso em casa, já que tem quatro filhos adolescentes também!) Esse excelente médico descobriu que o cérebro sofre mudanças dramáticas após a puberdade. A comunidade médica está observando como o desenvolvimento cerebral pode afetar as características de que nós, como mães, estamos bastante cientes: explosões emocionais, relação irresponsável com os riscos, violação de regras e brincadeiras com algo como sexo, drogas e *rock and roll...*

Não existem filhos perfeitos

O cérebro parece desenvolver-se de trás para frente. As funções que amadurecem mais rapidamente estão na parte de trás do cérebro, e são elas que controlam a interação com o meio ambiente: visão, audição, tato, processamento espacial etc. As próximas a se desenvolver são as áreas que ajudam a coordenar essas interações, como, por exemplo, a parte do cérebro que ajuda a encontrar o interruptor de luz do banheiro no escuro, porque você sabe que ele está lá, mesmo quando não pode vê-lo. A última parte do cérebro a ser moldada para as suas dimensões adultas é o córtex pré-frontal, lugar das chamadas funções executivas, que seriam: planejamento, definição de prioridades, organização de pensamentos, supressão de impulsos e, por fim, a capacidade de medir as consequências de suas ações. Em outras palavras, a última parte do cérebro que cresce é a parte capaz de decidir: *Eu vou terminar meu dever de casa e jogar o lixo fora, e só então vou enviar uma mensagem de texto para meus amigos combinando para assistirmos a um filme.*

Então, quando é que um adolescente pode ser considerado maduro? Eles podem votar aos 16 anos e servir às Forças Armadas aos 18; estão autorizados a conduzir um carro a partir dessa idade também, mas essas permissões não significam que eles estejam maduros. O Dr. Giedd diz que a maturidade do cérebro só chega lá pelos 25 anos de idade. Giedd diz: "Não é um debate sobre quanto controle consciente nosso filhos têm. Você pode dizer que eles se moldem ou caiam fora, mas errar faz parte de como o cérebro cresce."[1]

Há alguma perspectiva para você. Esperamos que a maturidade de nossos filhos chegue antes que seu cérebro esteja totalmente maduro! Precisamos nos certificar de que nossas expectativas sejam condizentes com seus estágios de desenvolvimento da vida.

---

1 Jill Savage e Pam Farrel, *Got Teens?* (Adolescentes obtidos?) (Eugene, OR: Harvest House, 2005), 15.

Não existem mães perfeitas

E aqui há uma linha tênue para nós. Precisamos esperar que eles sejam responsáveis. Devemos esperar que sejam obedientes. Precisamos esperar que sejam sociáveis, depois de ensinarmos e de treiná-los para esses padrões de comportamento. Mas também devemos esperar que eles falhem nessas coisas. Sim, você leu certo. Precisamos que fracassem; afinal, a perfeição não existe. Não só isso, temos que nos lembrar de que cometer erros faz o cérebro se desenvolver. Os erros estão lançando bases para a futura aprendizagem. Então, lidar com seus erros, seu mau comportamento e suas escolhas erradas faz parte do nosso trabalho como pais. Se esperarmos a perfeição, então estamos realmente atrapalhando o processo natural de amadurecimento, e é isso que queremos que aconteça em primeiro lugar!

Por que achamos tão difícil deixar que os nossos filhos cometam erros? Eu acredito que há várias razões:

1) *Queremos o controle.* É difícil deixar nossos filhos assumirem responsabilidade, cometerem erros e terem o controle de alguns aspectos da vida deles.

2) *Queremos ser necessárias.* Queremos estar envolvidas na vida de nossos filhos. Ajudá-los a ter sucesso nos faz bem. Se formos bastante honestas, teremos que reconhecer que é difícil simplesmente sentar e vê-los lutar contra alguma coisa. Queremos entrar no jogo e ajudá-los.

3) *Queremos a aprovação dos outros.* Quer você goste de assumir isso ou não, a maioria de nós entra no jogo da comparação com nossos filhos. Se o desempenho do meu filho não for suficientemente bom no recital de piano, o que os outros pais pensarão de mim como mãe ou pai?

4) *Somos medrosas.* Temos medo de que eles possam ficar emocionalmente feridos. Tememos que eles fiquem ressentidos conosco por não ajudá-los ou por deixá-los falhar.

5) *Somos impacientes.* Vamos encarar isso com sinceridade; permitir que os filhos descubram algumas coisas é um processo lento. Somos tentadas a fazer isso por eles, porque de alguma forma parece tornar a

vida mais fácil. Permitir a um filho tentar, falhar, tentar novamente, falhar novamente e tentar mais uma vez é tedioso. Não há nenhum atalho para a aprendizagem; eles têm que fazer por si próprios.

Para algumas de nós, a maior razão pela qual é tão difícil deixar os nossos filhos cometerem erros é que não podemos suportar que eles pensem que sejam menos do que perfeitos. Retocamos a nossa imagem no espelho para suavizar seus cantos mal acabados, pois temos medo de que nada menos do que o perfeito reflita algo de ruim sobre nós.

Você é a principal especialista em seu filho.

Então, como podemos resistir ao desejo de resgatar nossos filhos? Como podemos nos manter longe de interferir no crescimento que acontece em meio às tentativas, falhas e o tentar novamente? Comece tornando-se uma parceria do processo natural de amadurecimento. Defina sua visão, estabeleça metas, dê grandes doses de encorajamento, mas não faça de todos os comportamentos errados uma montanha a ser escalada. Marque alguns comportamentos que conduzem à imaturidade, e permita-lhes desenvolver por conta própria e com tempo. Você não tem de apontar cada coisa errada que os seus filhos fazem, em especial quando eles são naturalmente imaturos. Quando você os disciplinar de acordo com as expectativas irreais, você pode irritá-los. A Bíblia nos diz: "Pais, não irritem seus filhos; antes criem-nos segundo a instrução e o conselho do Senhor" (Efésios 6.4). Punindo seus filhos por causa de suas expectativas irreais você os desmotiva, levando-os a outros comportamentos negativos, como raiva ou mau humor nos primeiros anos e rebeldia durante a adolescência.

Lembre-se: você é a especialista em seu filho. É correto incentivar e encorajar seu filho a fazer o melhor, mantendo o equilíbrio de não ter expectativas insanas. Mesmo um pequeno ajuste em suas expectativas pode trazer grande alívio para um filho que realmente deseja fazer o seu melhor, mas que ainda é limitado por causa de seu nível de maturidade.

NÃO É PESSOAL

Jamie havia passado toda a tarde em intenso conflito com o seu filho pré-adolescente. À noite, próximo da hora do jantar, quando falei com ela ao telefone, ela desabafou: "Juro que ele está quase acabando com minha paciência. Ele sabe exatamente que botão apertar para me levar ao meu limite."

Todas nós, mães, já estivemos nessa situação. Temos certeza de que nosso filho está tentando nos provocar. Não temos dúvidas de que seu principal objetivo é nos enviar para um hospício.

Deixe-me tranquilizá-la: Isso não é pessoal. Bem, na verdade é muito pessoal para eles, já que querem assim, mas não é pessoal para você. Não é sobre você. Não tome esse comportamento como um confronto pessoal.

Cada criança e cada adolescente querem encontrar e trilhar o seu próprio caminho. É da natureza humana. As crianças vão até os seus limites porque a independência é o objetivo final delas (e como pais, esse deve ser o nosso objetivo final também). Isso é normal.

O desejo de uma criança de ser independente não tem a ver com você nem se dá por sua causa. Adolescentes querem sair de casa, pois anseiam por liberdade. Eles podem fazê-la sentir que realmente desejam ficar longe de você, mas na verdade eles querem ir para o mais longe possível de qualquer coisa que os restrinja ou os faça prestar contas. Você representa limites, de modo que, naturalmente, provoca neles o desejo de rompimento. Mas essa vontade de romper não pode fazer você sentir-se pessoalmente rejeitada, exceto se você não reconhece de onde isso de fato vem. Temos que ter cuidado sobre a compreensão das ações de nossos filhos como algo pessoal, porque no momento em que fazemos assim, nós nos tornamos mães ineficazes. No momento em que vemos esse tipo de mau comportamento da parte deles como um assunto pessoal, três coisas acontecem:

1) *Perdemos o controle.* Nosso filho está subitamente nos "liderando", e isso nos coloca na posição de seguidores.

2) *Nós nos irritamos.* Agora que estamos ofendidas com o comportamento do filho, ficamos na defensiva, com dificuldades para controlar ou lidar com a nossa raiva.

3) *Perdemos o foco.* Quando tomamos o seu comportamento como pessoal, fazemos seu mau comportamento recair sobre nós (constrangimento, cansaço etc.), em vez de o foco ser sobre as suas escolhas erradas.

Certa mãe contou uma história em seu blog sobre uma vez em que levou seu filho a um campo de futebol para jogar com alguns de seus novos amigos. Enquanto ela conversava com as outras mães, seu filho decidiu ser criativo. Aqui está a história nas próprias palavras de Kasey:

> Eu me virei para ver o meu filho, calças nos tornozelos, fazendo um arco de 45 graus com seu xixi. A pior parte foi ouvi-lo gritar: "Olha o chuveirinho!" Todas as crianças estavam boquiabertas e horrorizadas olhando para ele.
>
> Acho que todas as mães próximas de mim perceberam a minha crescente raiva. Eu me preparei para usar todas as técnicas de disciplina que sabia. Foi quando uma das minhas novas amigas, que também era mãe, tocou no meu braço e sorriu para mim. Eu estava em estado de CHOQUE! Como ela poderia estar sorrindo!?!
>
> Com uma voz compassiva, ela olhou nos meus olhos e disse: "Nós já estivemos no seu lugar. Sei que você vai cuidar dele, mas não deixe seu constrangimento decidir sua punição. Ele é do tipo que gosta de fazer graça."[1]

Essas são palavras de sabedoria para todas nós. Poderíamos ainda acrescentar: "Não deixe sua raiva decidir sua punição." Quando estamos

---

[1] Kasey Johnson, *"Sidewalk Sprinkler"*, *Smarter Moms* ("Aspersor de calçada", mães mais inteligentes) [blog], 20 de outubro de 2011, http://smartermoms.wordpress.com.

no meio de outros pais, nossos filhos tentam nos irritar. Eles tentam nos envergonhar. Contudo, precisamos aprender a manter nossas emoções sob controle enquanto lidamos com as consequências.

Essa nova amiga estava dizendo a Kasey, e a todas nós: Não veja o comportamento do seu filho como uma provocação pessoal. Isso realmente não é sobre você. Não é por sua causa nem é para afetá-la. Seus filhos são imperfeitos. Eles vão fazer muitas coisas com que você nunca pensou que teria de lidar um dia. Mantenha a sua perspectiva. Veja com humor a situação (se possível!), e, acima de tudo, mantenha o foco em seu filho.

SEJA UMA MÃE "SIM"!

Um verão, quando meus dois filhos mais novos ainda estavam na escola, eles correram para dentro e disseram:

– Mãe, está muito quente lá fora! Podemos ver se está quente o suficiente para fritar um ovo na calçada?

O lado prático dentro de mim começou a dizer não, mas depois eu relaxei. *Por que eles não podem experimentar? Por que o meu primeiro pensamento é sempre não? Por que não posso dizer sim? Trata-se de "desperdiçar" apenas um ovo, ou simplesmente usá-lo para um diferente, e até certo ponto valioso, propósito?*

Eu, finalmente, disse:

– Claro. Se vocês quiserem experimentar isso, vão em frente! Basta lavar a calçada depois.

Eles pegaram um ovo na geladeira e correram para a calçada tentar a nova experiência científica.

Depois de vinte e sete anos de maternidade, finalmente estou aprendendo a ser uma mãe "sim" mais do que uma mãe "não." Não tem sido uma transição fácil, mas é um passo importante. Durante anos minha interação com os meus filhos parecia mais como estas:

"Não, você não pode pintar com as mãos." (Isso vai fazer uma enorme bagunça.)

"Não, você não pode fazer biscoitos hoje." (Acabei de limpar o chão da cozinha!)

"Não, você não pode trazer um amigo aqui em casa hoje." (Pois eu teria que pegar ou deixar essa criança em casa!)

"Não, você não pode brincar na rua." (Não estou com disposição para cuidar de tênis sujos, joelhos machucados e shorts encardidos.)

Ao longo do tempo, no entanto, comecei a prestar atenção aos nãos e à minha verdadeira razão por trás da maioria deles. Em geral, isso tinha algo a ver com o meu egoísmo. Eu não queria lidar com bagunça. Não queria ser incomodada. Não queria ter mais trabalho a fazer. Isso não é divertido ou fácil de admitir, mas era verdade. Meu egoísmo roubou dos meus filhos um pouco da alegria de serem apenas crianças!

Uma tarde, as crianças perguntaram:

– Podemos soprar bolhas de sabão na casa?

A princípio eu disse não, porque isso funciona melhor quando feito do lado de fora da casa. Mas depois pensei sobre a minha resposta. *Por que eles não podem fazer bolhas dentro de casa? Não temos nenhum tipo de vasilha de bolha imune a ser derramada! Por que sempre digo não tão rápido?* Finalmente, eu disse:

– Sim, vocês podem soprar bolhas dentro de casa. E façam bastantes bolhas!

E eles fizeram.

E naquele dia, comecei a ser mais uma mãe "sim" do que uma mãe "não." Por que dizemos não com mais frequência do que sim? Três razões saem da nossa síndrome de "mãe perfeita":

1) *Não queremos problemas.* Alguns dos seus pedidos nos incomodam. É difícil admitir isso, mas este é o lugar onde nosso egoísmo nos expõe.
2) *Falta-nos flexibilidade.* A maioria de nós tem uma ideia na cabeça de como o nosso dia vai ser. Quando as crianças chegam com um pedido

espontâneo, é difícil mudarmos a programação para esse pedido caber em nossos planos.

3) *Somos protetoras.* O instinto natural dos nossos filhos é explorar e buscar a independência. Nosso instinto natural como mães é proteger. Às vezes, os dois instintos entram em conflito. Para ser uma mãe "sim", temos que procurar sempre equilibrar o nosso desejo de proteger com suas necessidades de explorar.

A maternidade me fez ficar cara a cara com as minhas nada maravilhosas qualidades. Às vezes, meus filhos conseguem trazer à tona o pior de mim. No entanto, Deus não desperdiça nada. Ele usa os meus filhos para que eu me aproxime da presença dele. Quando eu fico frente a frente com os meus defeitos, minhas fraquezas e o meu pecado, tudo me faz lembrar a minha necessidade de um Deus que me quer para ser mais semelhante a ele a cada dia.

Examine como você interage com seus filhos. Onde seus erros mais se afloram? No egoísmo? Na impaciência? Na sensação de cansaço? Quando seu egoísmo, impaciência ou raiva forem expostos, diga a Deus que você está arrependida, peça-lhe força e mexa-se para se afastar disso com a ajuda preciosa do Senhor. Afinal, não são apenas os nossos filhos que precisam amadurecer. Nós, mães, ainda temos algo em nossa vida "crescendo" também.

Quer enfrentar suas ideias pré-concebidas? Precisa ser mais flexível com os seus "planos perfeitos"? Trabalhe duro para ser uma mãe "sim" mais do que uma mãe "não." Você vai se esforçar muito e, ao mesmo tempo, abençoar seus filhos.

CUIDADO COM AS COMPARAÇÕES

Vivemos numa sociedade em constantes mudanças. Naturalmente, queremos o que não temos. Milhões de pessoas optaram pelo iPhone 7, embora tivessem um iPhone 6S funcionando perfeitamente. TVs em perfeito estado de funcionamento são trocadas por uma nova de LED 3D

Curve com 72 polegadas, porque foram substituídas pelo modelo maior e mais recente (como eu consegui ficar tanto tempo sem ela!). Estamos sempre comparando o que já temos com o que não temos.

Se não tomarmos cuidado, podemos fazer a mesma coisa com nossos filhos. Pense por um momento. Você já comparou o seu filho com:

Os amigos dele? Sem perceber, podemos comparar nossos filhos com os colegas deles. Agir assim pode fazer-nos sentir melhor (nosso filho se sobressai quando comparado aos amigos), ou fazer-nos sentir que estamos falhando por não fazer dele o que sonhávamos (nosso filho perde quando comparado aos seus amigos).

Os irmãos dele? Não temos a intenção de fazer isso, porém, muitas vezes, lutamos com o tanto de diferença que há entre os nossos filhos. Rotulamos um como "difícil" e o outro como "fácil."

A criança perfeita imaginária? Muitas vezes há um tipo de filho "ideal" criado em nossa mente. Nosso filho jamais conseguirá chegar ao nível dessa criança perfeita, ideal, mas irreal.

Você mesma? Podemos facilmente impor os nossos pontos fortes, nossos gostos, nosso estilo de aprendizado sobre nossos filhos inocentes, que são emocional e culturalmente diferentes de nós.

É fácil comparar, mas, por outro lado, é muito prejudicial para nosso filho, que foi criado de maneira única! O Salmo 139.13-14 diz: "Tu criaste o íntimo do meu ser e me teceste no ventre de minha mãe. Eu te louvo porque me fizeste de modo especial e admirável. Tuas obras são maravilhosas! Digo isso com convicção." Deus formou o seu filho com bastante cuidado, de uma forma perfeita! Ele sabia exatamente o que estava fazendo. Esse temperamento forte que o seu filho tem hoje e que a incomoda e preocupa pode, um dia, fazer dele um líder extremamente eficaz. Sua capacidade de argumentar pode ser a força que precisa para ser um bom advogado. Sua sensibilidade pode fazer dele um pai perceptivo. Os traços que você detesta ou tenta há tempos mudar precisam ser gerenciados, não eliminados.

Quando comparamos os nossos filhos aos outros, a nós mesmas ou à "criança perfeita" de nossa mente, não estamos valorizando nem aceitando suas qualidades distintivas nem lhes permitindo se desenvolver para ser a pessoa única que Deus os criou para ser.

Isso também pode acontecer com os nossos sonhos para nossas crianças. Nossas esperanças para os nossos filhos muitas vezes nascem de comparações. Queremos oferecer-lhes as mesmas oportunidades que tivemos, ou queremos dar-lhes melhores oportunidades do que as que recebemos. Ansiamos para que eles sejam tão bem-sucedidos como seus irmãos ou seus colegas de classe, ou como os filhos de outros amigos de nossa igreja.

No entanto, essas esperanças e sonhos nem sempre correspondem a quem seus filhos realmente são, como eles se conectam com outras pessoas ou quais são os seus interesses. Você pode desejar que seu filho se destaque nos esportes, mas ele pode ser mais interessado em tocar piano. Você pode querer ver a sua filha praticando balé, como você fez durante tantos anos, mas ela pode estar mais interessada em fotografia do que em sapatilhas. Você pode querer que seu filho seja aplicado e tire as boas notas que você nunca foi capaz de tirar, mas ele pode estar mais interessado em matemática do que em música.

Depois, vem a faculdade. Faculdade não é feita como um molde que se encaixa igualmente em todos, apenas por ser o sonho de alguns pais. Certos jovens adultos acham que trabalhar alguns anos antes de entrar na faculdade é uma boa estratégia. Outros podem optar por fazer um estágio para aprender uma profissão na prática. Ainda há aqueles que escolhem se casar e começar uma família sem terminar a faculdade. Nossos sonhos podem simplesmente não ser a realidade deles ou atraentes para eles.

Há sempre a possibilidade de nossos filhos fazerem escolhas que pareçam acabar com nossos sonhos e para sempre mudar o futuro que planejamos, tornando-se quase um pesadelo, pelo menos inicialmente. Minha amiga Lisa experimentou isso recentemente, quando o filho de 19 anos de idade tornou-se pai. Os planos que ele tinha para a faculdade mudaram, e agora precisava trabalhar para manter uma família. A filha de outra amiga minha não conseguiu administrar bem as finanças e teve que voltar para a casa da mãe. Esses certamente não são os sonhos que essas mães tiveram para seus filhos.

A realidade pode ser determinada pelos interesses e talentos de cada criança. Ela pode ser determinada pelos nossos objetivos diferentes. Pode ser que as suas escolhas determinem uma nova realidade que você nunca pensou enfrentar. O que fazemos quando nossos sonhos colidem com a dura realidade? Devemos ajustar as nossas expectativas e amar nossos filhos incondicionalmente. Vamos explorar aqui um pouco com o que esse tipo de amor parece.

É TUDO SOBRE AMOR

Relacionamentos são, normalmente, bastante complicados. Por quê? Talvez seja porque estamos lidando com pessoas imperfeitas. E o que nós naturalmente queremos fazer com elas? Queremos mudá-las! No entanto, ao tentarmos mudar alguém, estamos revelando que, no fundo, amamos mais a nós mesmas do que a essa pessoa.

Há alguns versículos na Bíblia, que se encontram no "capítulo do amor", que são frequentemente lidos em casamentos e associados ao amor conjugal e romântico. No entanto, esses versículos se aplicam a todos os tipos de amor, e se aplicam muito bem quando o assunto é o amor por nossos filhos imperfeitos.

O amor é paciente, o amor é bondoso. Não inveja, não se vangloria, não se orgulha. Não maltrata, não procura seus interesses, não se ira facilmente, não guarda rancor. O amor não se alegra com a injustiça, mas se alegra com a verdade. Tudo sofre, tudo crê, tudo espera, tudo suporta (1Coríntios 13.4-7).

Vamos ver o que podemos aprimorar a partir do "capítulo do amor" em 1Coríntios:

O amor é paciente. Sou paciente com meu filho que é tão diferente de mim?

O amor é bondoso e gentil. Sou do tipo que leva duas vezes a quantidade de tempo necessário para fazer algo que deveria com meu filho?

O amor não inveja. Desejo que minha filha seja quem ela realmente é ou que seja mais parecida com a filha daquela mãe?

O amor não se vangloria. Sou mais rápida para compartilhar o que meu filho faz bem ou para esconder as áreas em que ele ainda não atingiu um elevado padrão?

O amor não é orgulhoso. Estou hesitando em compartilhar como eu ou meu filho estamos *realmente* fazendo algo, com medo do que as pessoas vão pensar?

O amor não desonra os outros. Nunca desonro o meu filho, querendo que ele seja diferente ou melhor do que a pessoa única que Deus o fez para ser?

O amor não é egoísta. Sou sempre egoísta em minhas interações com o meu filho?

O amor não se irrita facilmente. Quanta energia eu perco ficando com raiva do meu filho?

O amor não guarda os erros. Tenho uma lista atualizada na minha cabeça sobre tudo o que meu filho tem feito de errado?

O amor não se alegra com a injustiça, mas se regozija com a verdade. Mantenho minha mente focada na verdade de Deus sobre o meu filho, ou na minha?

O amor protege. Procuro proteger esse ser humano único que Deus confiou a mim, mesmo quando ele desafia minha autoridade?

O amor confia. Confio que Deus tem algo maior em mente para a vida de meu filho? Acredito que Deus sabe o que seu futuro reserva, e eu não?

O amor espera. Espero e acredito que Deus tem o melhor para meu filho, ou temo o que o amanhã pode trazer?

O amor suporta e persevera. Mantenho minha mente nas possibilidades futuras, em vez de me concentrar nas dificuldades e desafios que estou enfrentando hoje?

Uau! Isso é um padrão elevado demais! Não se preocupe: você não está sozinha ao achar esses parâmetros de amor desafiadores. Com certeza não faço tudo isso da maneira como deveria. Só Deus ama perfeitamente. Somos avaliadas de maneira honesta e trabalhamos em lugares onde Deus quer que cresçamos.

Quanto mais aprendemos a amar incondicionalmente e quanto mais fornecemos um ambiente emocionalmente seguro e sadio para os nossos filhos, mais o amor faz com que eles se sintam seguros para falhar. O amor abraça desafios com um coração que ensina. O amor permite que nossos filhos sejam eles mesmos.

O amor faz com que eles se sintam seguros para falhar.

O amor não vira para o outro lado e ignora problemas. Pais amorosos abordam os problemas que seus filhos têm. O amor estabelece limites e estabelece a prestação de contas.

O amor incondicional, no entanto, permite as diferenças, aceita o fracasso e celebra a individualidade. O amor é a força que nos permite ajustar as expectativas. O amor fornece uma perspectiva, mas não para tomar o comportamento pessoal do outro como errado. O amor nos permite dizer sim quando tudo em nossa mente lógica quer dizer não. O amor nos dá a graça de aceitar a realidade, em vez de perseguir a comparação. O amor é a linguagem que precisa ser falada entre mães imperfeitas e filhos imperfeitos.

APLIQUE O ANTÍDOTO

A maternidade nos prova. Se permitirmos, Deus usará nossos filhos para aparar nossas arestas e fortalecer nosso caráter. Se você está procurando escapar do Vírus da Perfeição em sua maternidade, escolha uma ou mais destas estratégias práticas para aplicar os antídotos.

Rejeite o orgulho e busque a humildade

Às vezes, parece que nossos filhos têm a exclusiva responsabilidade de nos humilhar. (Especialmente em um dia ruim!) A maioria de nós tem que rejeitar de imediato o orgulho de alguma forma, ou ele vai rastejar em nosso pensamento e assumir nossas emoções.

Na próxima vez que você estiver com um grupo de mães compartilhando histórias, experimente compartilhar o momento que você acha ter sido o mais embaraçoso em sua maternidade. (Você sabe o que estou falando: a história que você jurou jamais contar a alguém!) Resista ao pensamento orgulhoso que a história fará você ficar com aparência de má.

Prioritariamente opte por não tentar "retocar" a imagem do seu filho na escola.

Quando a criança fizer uma escolha ruim, dê graças a Deus por esse momento humilhante. Agradeça-lhe pela lembrança de que seu filho não é perfeito e que você também não é. Peça a Deus que trabalhe em seu coração e no coração do seu filho por meio dessa situação.

Não existem filhos perfeitos

Quando a criança fizer uma boa escolha, agradeça a Deus. E não se esqueça de lhe dar o crédito por trabalhar na vida do seu filho.

Rejeite a insegurança e seja confiante

Mães inseguras são arrastadas pelo mau comportamento de seus filhos. Mães confiantes são indiferentes ao mau comportamento dos filhos. Ao contrário, você pode, de uma forma prática, aplicar o seu entendimento com confiança diante do comportamento de seus filhos.

Resista à tentação de controlar o comportamento do seu filho. Quando seu filho começar a fazer pirraça, simplesmente o ignore (Dr. Kevin Leman, de uma forma hilária, diz que devemos resistir ao impulso de passar *por cima* dele) e continue com suas atividades. Seja firme o suficiente em seu papel de mãe e deixe a criança experimentar a sensação de não ter uma plateia para assistir à sua cena pirracenta.

Se o seu filho se comporta mal em um ambiente público, basta dizer àqueles que estão testemunhando o momento: "Ainda estamos trabalhando nisso, e estou procurando ensiná-lo. Me desculpem!" Resista ao impulso de se irar como consequência do comportamento dele. Em vez disso, com confiança, exija que ele mantenha um comportamento razoável, com uma conversa firme ou a promessa de uma determinada consequência, se necessário.

Quando você se sentir insegura e sem saber o que fazer, peça ajuda a Deus no momento. Concentre-se em experimentar segurança e ganhar conhecimento na liderança que vem do Pai.

Resista ao julgamento e aceite a graça

Por lidarmos com o dia a dia dos nossos filhos, torna-se muito fácil vê-los sempre por meio de um filtro de variadas deficiências. Algumas técnicas são úteis para evitar que o Vírus da Perfeição se espalhe ainda mais em seu coração.

Resista à tentação de rotular o seu filho ("Essa é a minha filha mais difícil", ou "Esse é o que me perturba toda hora"). Uma mãe deve sempre procurar substituir rótulos negativos por uma declaração como esta: "Ele tem muitas qualidades, mas está apenas desafiando seus pais." Essa pequena mudança em como você pensa e fala sobre seu filho pode acabar com o julgamento e ajudar a manter a graça em seu coração.

Na próxima vez que seu filho fizer algo errado, trabalhe internamente para pensar nisso como uma oportunidade para o crescimento emocional. Lembre-se de que essa é uma parte normal do processo de amadurecimento. Resista ao impulso de reagir com raiva, e opte por responder com amor, liderança e graça.

Peça a Deus que lhe mostre quando você julgar a si mesma ou ao seu filho de maneira inconsciente. Quando você se conscientizar de que isso acontece, agradeça a Deus pela consciência, peça desculpas pelo espírito de julgamento em seu coração e peça a Deus que a ajude a se ver, bem como a seu filho, por meio de seus olhos de amor e graça.

ACEITE A SUA BELA E IMPERFEITA CRIANÇA

Alguma vez você já pensou sobre como seriam algumas das maiores pessoas da história e como eram quando crianças? Ray Kroc, fundador do McDonald's, faltava muito às aulas. Thomas Edson, o inventor da lâmpada, foi expulso da escola porque se distraía facilmente. Henry Ford, o inventor do automóvel, desapontou seu pai porque não quis assumir a fazenda da família. Todos esses homens marcaram o nosso mundo de alguma forma. Os males, desafios e dificuldades enfrentados por eles na infância contribuíram para a maneira que Deus escolheu para usá-los.

Não há filhos perfeitos. Todos são únicos e cometem erros ao longo do caminho. E são maravilhosos da forma como Deus os fez.

CAPÍTULO 4

NÃO EXISTEM CORPOS *perfeitos*

Eu fiquei no salão assistindo à sessão Moms Night Out (Mães com a noite de folga) durante a conferência Hearts at Home. Nosso tema na conferência daquele ano era *Mães reais... Vidas reais... Histórias reais*. Ouvindo tudo, decidi ser real e verdadeira em relação aos desafios referentes ao meu corpo.

Depois, convidei minha filha que estava grávida, Anne, para subir ao palco comigo. Falei sobre como amo o novo estilo de roupa feito para as mães durante a gravidez, que "privilegiam o surgimento do bebê dentro da barriga." Dezesseis anos atrás, quando eu estava grávida, as mulheres usavam roupas que mais pareciam batas. Compartilhei com as presentes no evento o quanto amei esses novos estilos, acentuando o crescimento da barriga, a modificação do corpo da mulher e o belo milagre crescendo dentro dela.

Então lancei o desafio: Nossa cultura parece que, finalmente, está abraçando a chegada do bebê e as consequentes mudanças no corpo de uma mulher. Agora seria a hora de começar um movimento chamado "Aceite o corpo da mulher pós-parto." Virei-me para o lado e deixei a silhueta da minha barriga à mostra como parte do meu "corpo pós-parto" e me mostrei orgulhosa por isso. Sem enganos. Sem cirurgias. Sem corpete. Três mil mães, presentes naquele evento, foram à loucura.

Ah, os desafios do corpo feminino! Se você já passou por uma gravidez, sabe que esses pequenos a quem amamos esticam seu corpo de forma que você jamais imaginou ser possível! Mesmo que você tenha chegado à maternidade via adoção, provavelmente descobriu que o corpo feminino enfrenta seu quinhão de desafios. Hormônios que nos trazem impaciência e raiva e uma metabolização que diminui com a idade porque a maioria de nós, de alguma forma, luta com as imagens ideais do nosso corpo. Adicione o "culto" presente em nossa cultura, que estabelece um corpo magro como padrão, a obsessão da televisão e as estrelas de cinema que parecem perfeitas, e você vai se pegar fazendo comparações injustas.

COMPARE MAÇÃS COM MAÇÃS

Se você, como a maioria das mães, se sente insegura sobre seu corpo, sua imagem, seu peso, suas estrias ou a sua flacidez, talvez esteja comparando maçãs com laranjas: seu corpo contra o corpo da atriz tratada por um editor de imagens, ou fotos de pessoas famosas ou modelos retocadas por um profissional. Quando fazemos essa comparação, sempre nos sentimos diminuídas. Mas corpos reais simplesmente não se parecem com esses.

Vamos comparar maçãs com maçãs. Minha barriga, com listras verticais de estrias e a horizontal cicatriz cirúrgica, certamente não se parece com a de qualquer pessoa que já vi em revistas ou na televisão. Essas estrias não se limitam à minha barriga. Elas também são evidentes nas minhas coxas, nos meus lados e em outras partes do meu corpo. Você, afinal, tem o corpo como o meu?

Em seguida, existem os problemas de pele. A acne da mulher adulta muitas vezes toma conta das minhas costas e, ocasionalmente, se arrasta para o meu peito e o meu rosto. Quando não uso a maquiagem apropriada, minha pele é manchada e desigual. Rugas estão surgindo ao redor dos meus olhos, da boca e em minhas mãos. Quem de nós poderia pensar nisso! Você lida com esses tipos de desafios na pele?

Depois, há as varizes. Algumas mães as desenvolvem por volta de dos vinte anos, e outras começam a percebê-las apenas quando chegam aos seus trinta ou quarenta anos. Longas e às vezes levemente azuladas ou esverdeadas, essas "linhas" correm verticalmente até partes superiores da minha perna. Com certeza não vejo isso em nenhuma modelo ou atriz que são fotografadas para revistas! Certamente não sou a única a lidar com isso!

Vamos mais longe, então. Quatro anos de aparelhos ajustaram os meus dentes, mas alguns acabaram ficando tortos novamente quando chegamos à idade adulta (acho que eu poderia ter ficado melhor se tivesse usado meu contentor móvel. Desculpe, mãe!). E esses dentes também não estão tão brancos como costumavam ser. Você se lembra de quando comentei que apareci em uma capa de revista? Durante o processo de edição das fotos, fizeram o clareamento dos meus dentes. Sim, se você vir a capa e comparar com os meus dentes, saiba que se trata de uma comparação injusta, já que meus dentes não são tão brancos.

E sobre o seu cabelo? Quantos desafios para lidar com ele? Oleoso? Seco? Fino demais? Muito grosso? Muito encaracolado? Muito curto? Muito crespo? Muito quebrado? Meu cabelo é grosso e áspero. Quando eu vou ao salão, minha cabeleireira tem que usar uma tesoura especial para cortá-lo, e sua mão chega a doer. Após o corte, fico vários dias cansada!

Claro, existem os problemas de peso. Em que parte de seu corpo você ganha peso? Por toda parte? Nas pernas e no bumbum? Na barriga?

É onde eu ganho peso. É uma batalha constante para mim, e tem sido há anos (por isso propus que todas apoiem meu projeto "Aceite o corpo da mulher pós-parto").

Se isso não fosse suficiente, quase não enxergo sem meus óculos ou minhas lentes de contato. Tenho um problema chamado "língua geográfica", que apresenta algumas manchas estranhas na minha língua. Também tenho fibromialgia, que provoca intensa dor física e exaustão durante os períodos de crise. Então há a Síndrome do Cólon Irritável (SCI), doença que tenho tratado por anos, e um problema de bexiga que me faz fazer xixi cada vez que espirro ou tusso!

Talvez seus problemas com o corpo sejam mais graves ou debilitantes. Minha amiga Jéssica lida com artrite reumatoide. Outra amiga, Carla, agora caminha com um andador e lida com intensa dor após ter sofrido um acidente de carro.

Aposto que você se viu em algumas dessas descrições. Você pode adicionar os seus desafios particulares para lidar com isso, caso eu não os tenha mencionado aqui. Os problemas que você adicionar poderão fazer com que outra mãe se sinta melhor sobre seu corpo por saber que não está sozinha nessas lutas. Quando comparamos a realidade com realidade, vemos que nosso corpo realmente é mais "normal" do que pensávamos. Essa descoberta é a primeira etapa na aprendizagem para amar nosso corpo real, que Deus nos deu.

O QUE DEUS PENSA?

Quando olha para si mesma no espelho, você se vê por meio de qual lente? Você compara a imagem que o espelho reflete com o que vê nos artigos de revistas e na televisão? Ou você se vê por intermédio das lentes de Deus, cujos olhos se preocupam mais com a condição do seu coração do que com a de sua pele? Precisamos fazer as pazes com nosso corpo se quisermos aprender a ver com os olhos de Deus. Vamos analisar o que Deus diz sobre nosso corpo e nosso coração.

Primeira Coríntios 6.19-20 diz: "Acaso não sabem que o corpo de vocês é santuário do Espírito Santo que habita em vocês, que lhes foi dado por Deus, e que vocês não são de vocês mesmos? Vocês foram comprados por alto preço. Portanto, glorifiquem a Deus com o seu próprio corpo." Um pouco antes lemos: "Vocês não sabem que são santuário de Deus e que o Espírito de Deus habita em vocês?... pois o santuário de Deus, que são vocês, é sagrado" (1Coríntios 3.16-17). Do livro de Romanos vem a seguinte instrução: "...rogo pelas misericórdias de Deus que se ofereçam em sacrifício vivo, santo e agradável a Deus..." (Romanos 12.1). Primeira Coríntios também nos lembra que: "Assim, quer vocês comam, quer bebam quer façam qualquer outra coisa, façam tudo para a glória de Deus" (1Coríntios 10.31). Todos estes versículos nos dizem que nosso corpo pertence a Deus. Ele nos pede que cuidemos de nosso corpo e o tratemos como a preciosa casa do Espírito Santo. Assim, ter cuidado com o nosso corpo físico é uma questão de mordomia. Estamos tendo cuidado com algo que na verdade não pertence a nós, mas a Deus.

Quando considera esses versículos, você tem a sensação de que o seu corpo é realmente um dom de Deus? Eu tenho. Na verdade, é um presente de Deus feito por ele mesmo! No Salmo 139 descobrimos que: "Tu criaste o íntimo do meu ser e me teceste no ventre de minha mãe. Eu te louvo porque me fizeste de modo especial e admirável. Tuas obras são maravilhosas! Digo isso com convicção" (Salmo 139-13-14).

Alguma vez você já trabalhou de forma intensa para preparar um presente? Eu já! O que logo me vem à mente são as colchas de retalhos que fiz para o meu filho e meu genro em um Natal. A do meu filho foi feita a partir de quinze cores diferentes, e a do meu genro era uma colcha de dupla face com mais de quarenta cores diferentes! Eu cortei, passei e costurei tanto que até sonhava com tudo aquilo. As colchas exigiam duas pessoas para trabalhar a maior parte do material que tinha de ser costurado à máquina. Sem a ajuda da minha mãe e do meu marido, eu nunca teria terminado esse presente! Quando as entreguei para os meninos no dia de Natal, eu lhes disse: "Se vocês Já se perguntaram se eu os amo, basta olhar para essas colchas. Elas são a prova de muito sacrifício e de um coração cheio de amor por cada um de vocês."

Agora, imagine Deus tecendo e criando tudo em conjunto no seu corpo. Quando a última parte se completa, ele diz: "Se quiser saber se amo você, basta olhar para este corpo incrível que lhe dei. Ele é a evidência do sacrifício que fiz e de um coração cheio de amor por você." Nosso corpo é verdadeiramente um milagre. O corpo, este incrível presente, contém mais de 300 milhões de capilares nos pulmões! Não só isso, mas cada rim em seu corpo contém um milhão de filtros individuais que filtram o sangue e a urina. Você sabia que os ossos do seu corpo são tão fortes quanto um granito, para que possam suportar o seu peso? De fato, um bloco de ossos do tamanho de uma caixa de fósforos pode apoiar nove toneladas, ou quatro vezes mais do que o concreto pode suportar! E vamos falar sobre a eficiência de tudo isso: uma única célula humana do sangue pode completar o circuito de todo o corpo em apenas 60 segundos.[1] O corpo humano é uma peça intrincada da obra de arte que o Deus criativo deu a cada um de nós. Pense nisso da próxima vez que você ficar na frente de um espelho criticando o seu corpo!

APRECIE O DOM DO SEU CORPO

Quando presenteei o meu filho e meu genro com as colchas, a única coisa que eu esperava deles era se iriam fazer bom uso do presente que fiz e se cuidariam dele. Deus quer o mesmo de nós: que desfrutemos o dom do

---

1 "Top 15 Amazing Facts About the Human Body," (Top 15 fatos surpreendentes sobre o corpo humano), adaptado de *The Reader's Digest Book of Facts*, publicado em Listverse, em 10 de junho de 2008, http://listverse.com.

nosso corpo e cuidemos dele. Podemos fazer isso em movimento, em repouso, hidratando e alimentando nosso corpo.

Mova-se!

O exercício é um aspecto essencial para o cuidado do corpo. Existem dois tipos principais de exercícios que precisam ser feitos: cardiovasculares e força. A boa notícia é que você não precisa ir a uma academia para isso! O exercício aeróbico (cardiovascular) não apenas queima calorias como mantém o seu coração saudável e forte. Você pode fazer um exercício aeróbico de 30 a 45 minutos enquanto faz uma caminhada com seu esposo ou namorado ou acompanhando seus filhos em um passeio de bicicleta. Além de quatro a seis dias por semana de atividade aeróbica, você também deve fazer exercícios de força muscular de duas a três vezes por semana. Isso pode ser feito por meio de exercícios de fortalecimento muscular como abdominais, flexões, levantamento de pesos e tudo mais que um profissional qualificado orientar. Esse tipo de atividade queima calorias, aumenta o metabolismo, a densidade óssea, fortalece os músculos e melhora o equilíbrio. Você tem alguma lata de tinta em sua garagem? Pegue-a e comece a levantá-la hoje mesmo!

Descanse!

Nosso corpo é projetado para se regenerar durante o sono. Quando dormimos, o sistema imunológico é reforçado, hormônios que regulam o apetite são liberados e tanto o cérebro quanto o corpo descansam o necessário para o bom uso da memória e para fazermos atividades em geral. O sono é para o corpo assim como uma reinicialização é para o computador. Ele recolhe o lixo para que nosso corpo funcione melhor. Se você está sempre ocupada durante a noite com um bebê, não hesite em tirar uma soneca durante o dia, sempre que possível. Se você não dorme de sete a nove horas por noite, é hora de acertar o sono tentando dormir mais cedo (para a maioria das mães, levantar-se mais tarde simplesmente não é uma opção!). Se você for para a cama pelo menos trinta minutos mais cedo do que sua hora habitual, sentirá uma diferença enorme apenas por cuidar deste presente que Deus lhe deu!

Hidrate-se!

Você sabia que muitas dores de cabeça são um sintoma de desidratação? É muito melhor para o nosso corpo beber um copo de água em vez de correr para o armário à procura de remédios. Particularmente não gosto do sabor de água pura, então descobri que se eu colocar uma fatia de limão, de laranja ou mesmo de pepino, fico mais à vontade para beber a quantidade de água de que necessito. Tenho uma amiga que bebe água em uma taça de sua bela cristaleira. Ela diz que beber sua água de uma forma elegante é uma maneira simples de se sentir especial! Lembre-se de beber uma boa e suficiente quantidade de água por dia quantas vezes forem necessárias, de acordo com as recomendações médicas. Isso mantém sua energia e seu corpo funcionando bem.

Alimente-se!

A maioria de nós não tem nenhum problema para alimentar o corpo. O desafio é consumirmos alimentos saudáveis. É muito fácil passar por uma lanchonete, ou comer um biscoito, e achar que já estamos alimentadas. Em casa, em determinados momentos, podemos até comer cachorro-quente ou macarrão instantâneo. Essas escolhas podem ser boas em algumas ocasiões, mas precisam ser a exceção, e não a regra. Mantenha sempre frutas e legumes frescos à mão para servir com as principais refeições do dia e para lanches. Leia os rótulos e escolha alimentos que não tenham conservantes ou grandes quantidades de sódio. Opte por carnes magras como frangos e peixes, em vez de carne vermelha. Deixe o consumo de doces para ocasiões especiais, em vez de fazer deles um alimento diário. Prefira sempre água ou chá a refrigerante. Limite a quantidade de adoçantes artificiais. Fazer esses pequenos

E SOBRE O NOSSO CORAÇÃO?

Deus nos deu este corpo incrível para vivermos nesta terra, e deseja que cuidemos dele. No entanto, ele está mais interessado na condição interior de nosso coração do que em qualquer outra coisa. Percebemos isso quando, no livro de Samuel, o autor descreve como Deus disse a Samuel esta verdade poderosa: "O SENHOR não vê como o homem: o homem vê a aparência, mas o SENHOR vê o coração" (1Samuel 16.7b).

Então, o que Deus vê quando olha nosso coração? Isso significa que ele está preocupado com aurículas e ventrículos que bombeiam o sangue por meio de nossos corpos físicos? Não, não é esse o caso. O coração de que Deus está falando é o núcleo de quem nós somos: nossos pensamentos, crenças, emoções e desejos. Nosso coração determina nossas prioridades, obediência, fidelidade e lealdade. O coração pode ser difícil e obstinado para com Deus ou pode ser flexível, maleável e capaz de ser influenciado por ele. É isso que o Senhor está procurando quando olha para o nosso coração. Quando Deus sussurrar em nosso ouvido, vamos obedecer-lhe ou não? Quando confrontados com uma situação difícil, nós escolheremos o caminho de Deus ou insistiremos em nosso próprio caminho? Somos caracterizadas por orgulho ou humildade? Raiva ou perdão? Crítica ou graça? Medo ou coragem? Todos esses são subprodutos da condição de nosso coração. Eles são o fruto (bom ou mau) de nossa vida.

A Bíblia fala sobre o fruto bom na carta de Paulo aos gálatas, onde a expressão *fruto do Espírito* é usada. Em primeiro lugar, a carta aos gálatas descreve a batalha entre a "carne" e o "espírito." Isso não está se referindo literalmente à carne que faz parte de nosso corpo; mas a fazer as coisas à nossa maneira, em vez da maneira de Deus: "Por isso digo: vivam pelo Espírito, e de modo nenhum satisfarão os desejos da carne. Pois a

Não existem mães perfeitas

carne deseja o que é contrário ao Espírito; e o Espírito, o que é contrário à carne. Eles estão em conflito um com o outro, de modo que vocês não fazem o que desejam" (Gálatas 5.16-17).

Então, a Bíblia continua a dizer com o que "andar na carne" se parece: "Ora, as obras da carne são manifestas: imoralidade sexual, impureza e libertinagem; idolatria e feitiçaria; ódio, discórdia, ciúmes, ira, egoísmo, dissensões, facções e inveja; embriaguez, orgias e coisas semelhantes. Eu os advirto, como antes já os adverti, que os que praticam essas coisas não herdarão o Reino de Deus" (Gálatas 5.19-21). Existem algumas coisas nessa lista com as quais eu não tenho muitos problemas, mas admito que posso ser propensa a "andar na carne" quando se trata de idolatria (pensando mais em algumas coisas do que em Deus), ciúme, acessos de raiva (como quando a mamãe monstro aparece), egoísmo, dissensões (discutindo com o meu marido) e inveja. Você se identifica com algum desses?

O bom é que Deus não nos deixa sem uma visão clara do que ele deseja que experimentemos. Ele apresenta esta visão nos versículos 22-23 e 26: "Mas o fruto do Espírito é amor, alegria, paz, paciência, amabilidade, bondade, fidelidade, mansidão e domínio próprio. Contra essas coisas não há lei... Não sejamos presunçosos, provocando uns aos outros e tendo inveja uns dos outros." O que ele está dizendo aqui é que quando vivemos a vida da maneira de Deus, experimentamos alguns resultados maravilhosos como paciência, paz, alegria e autocontrole. Quem entre nós não tem orado por essas coisas?

Este é o lugar onde nossas tendências interiores (coração) se encaixam com as tendências exteriores (corpo). Muitas de nós desejamos ter mais autocontrole quando se trata de comer ou fazer exercício, e muitas vezes resolvemos isso com uma simples estratégia de "mudança de hábito." Infelizmente, essa mudança de hábito é, na maioria das vezes, de curta duração. Por quê? Porque estamos tentando fazer uma mudança externa sem chegar ao cerne da questão, literalmente. Em Provérbios

4.23, lemos: "Acima de tudo, guarde o seu coração, pois dele depende toda a sua vida." O fruto do Espírito nos traz vida de alguma forma. Ao permitir que Deus nos conduza, abrimos as "fontes da vida" e encontramos a liberdade para não sermos controladas por nossos desejos, nossos ídolos, nossa raiva, nossas exigências e nossa busca pelas coisas deste mundo.

Lysa TerKeurst aborda essa situação em seu best-seller *Made to Crave* (Feita para desejar) quando ela diz que "ser saudável não se refere apenas a perda de peso. Não se limita ao ajuste da nossa dieta, esperando bons resultados físicos. Na verdade, é sobre calibrar nossa alma e o que queremos mudar espiritual, física e mentalmente."[1] Adoro a frase calibrar nossa alma. Então, muitas vezes, nossas questões acerca do corpo refletem o que está acontecendo dentro de nós. Por isso, tentamos mudar nossos hábitos, prometemos fazer exercícios regularmente, declaramos que vamos comer de uma forma mais saudável, nos comprometemos a ir para a cama mais cedo, mas nada disso funciona em longo prazo. Talvez nossa promessa de fazer exercícios realmente esteja bloqueada pelo medo do fracasso. Nosso desejo de consumir alimentos mais saudáveis não se cumpre porque usamos a comida para nos confortar, em vez de simplesmente nos fornecer nutrição. Nosso compromisso de ir para a cama mais cedo é envolvido por nosso orgulho, que diz: "Eu tenho tanta coisa para fazer e sei que sou a única capaz de fazer todas essas tarefas benfeitas."

Muitas vezes tentamos mudar nosso comportamento por fora quando, na verdade, precisamos nos concentrar nas questões interiores do nosso coração, que produzem esses comportamentos. Por isso Deus diz que, enquanto os seres humanos olham para o exterior, ele olha para o coração. Deus sabe que o coração é a fonte da vida. Ele é o núcleo de quem somos. Portanto, se estamos tentando fazer as pazes com a visão e compreensão que temos do nosso corpo imperfeito, precisamos começar com o que está dentro de nosso coração.

---

1 Lysa TerKeurst, *Made to Crave* (Feita para desejar) (Grand Rapids: Zondervan, 2012), 16.

APLIQUE O ANTÍDOTO

Quando se trata de amar o nosso próprio corpo, poderíamos aplicar qualquer um dos antídotos, ou até todos os quatro, de que temos falado neste livro, dependendo de quais problemas com nosso coração estamos enfrentando. No entanto, para fins mais gerais, vamos aplicar os dois antídotos que se aplicariam à maioria de nós: confiança e graça.

Da insegurança para a confiança

A insegurança que a maioria de nós sente sobre nosso corpo é baseada em como o vemos ou com quem o estamos comparando. Nós nos movemos da insegurança para a confiança quando somos capazes de ver nosso corpo da perspectiva de Deus.

Se você realmente quiser de se recuperar do Vírus da Perfeição, que já está impregnado em seu corpo, precisará fazer um grande trabalho. Experimente essas duas estratégias práticas e aplique os antídotos em sua vida real:

Anote alguns dos versículos bíblicos compartilhados anteriormente neste capítulo em um cartão ou em um papel especial. Coloque-os em lugares onde você tem certeza de vê-los, como no espelho do seu banheiro ou na porta da geladeira. Você pode até usar algo que possa ser apagado e escrever um versículo no espelho do seu quarto. Isso aumentará a sua confiança em Deus, encontrada por meio da verdade das Escrituras.

Agradeça a Deus por suas muitas partes. Um dia, após seu banho, fique completamente nua na frente de um espelho de corpo inteiro. Começando com os seus pés, fale com Deus sobre cada parte do seu corpo, dizendo apenas palavras positivas. Você pode começar com: "Deus, eu lhe agradeço pelos meus pés. Algumas pessoas não podem usar os pés, mas eu posso.

Obrigada pelo apoio que eles fornecem ao meu corpo." Continue fazendo isso até você chegar ao topo de sua cabeça e diga: "Este é o meu cabelo. É escuro e bastante grosso. Também tenho uma testa um pouco exagerada, mas ela me faz única." Repita esse exercício tantas vezes quanto você puder, aceitando verbalmente essas palavras e dizendo algo afirmativo sobre cada parte de seu corpo. Cultivar um coração grato mudará a sua perspectiva e irá ajudá-la a sair da insegurança para a confiança em relação ao seu corpo.

Mudando do julgamento para a graça

O outro antídoto a ser aplicado é a graça. Nós somos nossos piores críticos. Sentamos e julgamos a nós mesmas, constantemente, vendo apenas com nossos olhos, que continuamente usamos para comparar. No entanto, Deus nos vê não com olhos de julgamento, mas de graça. Também precisamos aprender a nos ver com os olhos da graça.

Quando Deus nos vê com os olhos da graça, ele enxerga as possibilidades, e não os erros. Ele vê os nossos pontos fortes, não a nossa fraqueza. Ele nos contempla pelo que somos, não por quem não somos. Nós podemos aprender a fazer o mesmo. Não é fácil, mas é possível. Fazer as pazes com seu corpo vai silenciar a crítica em sua mente.

Existem algumas maneiras práticas para se deslocar do julgamento em direção à graça.

Preste atenção ao que você fala a sua mente sobre o seu corpo. Todas as velhas imagens de sua infância ou dos seus anos de adolescência voltam à tona? Um comentário descuidado de um antigo namorado ou um relacionamento anterior que nunca saiu de seu pensamento? Sem perceber, nós ainda usamos essas palavras e imagens para nos definir. Quando você identificar uma dessas mensagens, chame-a como ela é: mentira. Peça a Deus que substitua essa mentira pela verdade da Palavra. (Veja o Anexo A, que trata da verdade sobre quem você é.) Se essas mensagens estão profundamente enraizadas, não hesite em buscar aconselhamento cristão. Lembre-se: cuidar de si mesma emocionalmente é tão importante quanto cuidar de seu corpo.

Quando o julgamento reaparecer, traga à tona uma razão e o senso de gratidão para a questão de ser criticada. Por exemplo, quando eu vejo as estrias próximas do meu estômago, digo a mim mesma: "Tenho estrias porque dei à luz quatro lindas crianças. Durante esses períodos de gravidez ganhei peso para dar vida a essas crianças. Obrigada, Deus, por me dar essa oportunidade e privilégio." Você não está usando isso como desculpa, mas simplesmente lembrando-se do "porquê" que existe por trás dessa questão problemática.

Deus nos vê por quem somos, não por quem não somos

Preste mais atenção ao seu coração do que ao seu corpo. Se você decidir mudar alguma coisa no seu corpo, trabalhe sempre de dentro para fora. Qualquer coisa feita sem Deus é em vão. Revele seus desejos a Deus. Peça-lhe que examine o seu coração e chame a sua atenção para tudo o que fica atrapalhando a maneira correta de cuidar de seu corpo. Talvez você possa orar assim: "Deus, quero cuidar deste corpo que o Senhor me deu. Eu gostaria de começar tendo um peso adequado para a minha altura. O Senhor pode me ajudar a ver o que preciso mudar em meu coração para que eu possa ser bem-sucedida quando cuidar de meu corpo?"

ACEITE SEU CORPO BELO E IMPERFEITO

Você já pensou em tudo o que fazemos nosso corpo passar? Pense sobre o peso adicional da gravidez ou apenas o peso adicional do envelhecimento. Que tal carregar um bebê em seu útero, esticando sua barriga e quadril? Fazendo dos seus seios a principal fonte de alimento para um bebê? Rastejando com seu bebê um pouco próximo do chão? Nós levantamos, dobramos, esticamos e mantemos cargas pesadas em nosso corpo até nossas costas ficarem terrivelmente comprometidas. Perdemos o sono e ficamos estressadas. Corremos verdadeiras maratonas de tanto que andamos atrás dos nossos filhos. Damos milhares de banhos com as nossas mãos. Nosso corpo nos permite abraçar, sorrir e enxugar as lágrimas daqueles que amamos. Não há corpos perfeitos, mas cada uma de nós tem um que nos serve muito melhor do que na maioria das vezes percebemos.

CAPÍTULO 5

NÃO EXISTEM CASAMENTOS *perfeitos*

Cara Jill,

Estou cansada. Sinto-me frustrada. Parece que meu marido e eu discordamos mais vezes do que estamos de acordo, especialmente agora que temos filhos. Todo mundo parece profundamente apaixonado, exceto nós dois. Vejo fotos de casais e famílias no Facebook e nos blogs. Acho que existem fotos no meu blog que parecem belas também. Mas a verdade é que elas não mostram a realidade de que o casamento é um trabalho árduo, e às vezes sinto como se a expressão "felizes para sempre" não fosse real. Eu sou a única pessoa no mundo que se sente assim?

Amanda

Cara Amanda,

Não, você não é a única e nem está sozinha nesse sentimento. Casamento é constantemente difícil, e para fazê-lo dar certo é necessário muito trabalho duro. Bem-vinda ao mundo real: Não há casamentos perfeitos.

Jill

Assim começou uma conversa que tive com uma mãe no Facebook em uma noite de verão. Nossas expectativas sobre a história de um amor perfeito nos levam a falhar quando os reais desafios vêm à tona na caminhada conjugal. Afinal, a maioria de nós foi trazida até aqui pelo imaginário dos filmes da Disney. Sonhamos com um belo príncipe nos encontrando, nos levando para um lugar especial, enquanto andamos com ele em direção ao pôr do sol.

Mesmo o melhor dos casamentos enfrenta desafios enormes quando os filhos entram em cena. Os valores são desafiados, as diferenças tornam-se evidentes, o sono é privado, os ânimos se encurtam, confrontos acontecem e a vida torna-se simplesmente caótica. Casamentos reais enfrentam desafios reais. Se você se parece com Amanda, comparando o interior do seu casamento com o lado de fora de outros casamentos, é preciso ter uma discussão honesta para que você possa compreender melhor a vida real dos casados e os verdadeiros desafios que todas nós enfrentamos.

1 + 1 = 14

O primeiro desafio que cada casamento enfrenta é a fusão de duas famílias que fazem parte da origem de cada cônjuge. Desde o início, um novo casal está misturando padrões familiares e tradições de duas famílias que, em geral, viveram separadas. Talvez uma das famílias vivesse os conflitos fingindo que eles não existiam. Por outro lado, a família do outro cônjuge tratava conflitos gritando e fazendo barulho. Uma família dava muita liberdade para as crianças. Ao contrário da família do cônjuge, que estabelecia muitas regras e limites. Uma família fazia dos aniversários um grande evento com muitos presentes e celebrações, enquanto a outra família apenas honrava o aniversariante com palavras de incentivo, mas pouca festa. Uma família ia para a igreja todos os domingos, enquanto a outra família participava apenas na Páscoa e no Natal.

Mark e eu havíamos casado fazia mais ou menos um mês quando eu disse "Eu faço." Era o aniversário de 23 anos de Mark, e eu planejei uma comemoração do jeito que minha família sempre havia celebrado aniversários: um bolo caseiro, uma refeição caseira e uma casa cheia de parentes. Descobri bem rápido que os aniversários na família de Mark não eram comemorados assim. De acordo com Mark, nós deveríamos ter saído para jantar fora, comprado um bolo em uma confeitaria com doces arrumados em forma de letras formando a frase FELIZ ANIVERSÁRIO e os amigos e a família deveriam ter sido convidados. Como eu poderia saber que durante todos esses anos a minha família estava errada?

Aniversários foram apenas o começo. Houve diferenças entre férias de verão, Natal e Páscoa. De acordo com cada um de nós, havia uma maneira "certa" para grelhar a carne, fazer salada, cuidar do dinheiro e limpar um banheiro. Havia até mesmo uma maneira "certa" para colocar o rolo de papel higiênico no lugar. Claro, nós raramente concordamos com qual seria a maneira correta, já que os nossos "certos" eram completamente diferentes uns dos outros!

Não só os hábitos e tradições colidiram, mas, de repente, houve mais duas pessoas neste novo relacionamento. Ele trouxe sua família para a nossa recente união, e eu também trouxe a minha para este relacionamento. 1 + 1 não é igual a 2. É isso que quer dizer "serão uma só carne"?

Todo casamento enfrenta o desafio de misturar duas famílias. Quando ele se concretiza, ambos se unem com a expectativa de que essa nova família que estamos formando fará as coisas da mesma maneira como a família da qual viemos até então sempre fez. Ah! Existe aqui a palavra *expectativa* novamente. Ela nos deixa em apuros o tempo todo, não é? Se você se viu discordando de seu cônjuge por situações que envolviam comunicação, educação de filhos, sexo, dinheiro ou qual a maneira correta de se colocar o papel higiênico no banheiro, você não está sozinha. Esses são desafios comuns no casamento. É um trabalho duro misturar duas vidas, duas perspectivas, dois conjuntos de experiências, e, claro, dois padrões de expectativas!

Se já se encontrou desiludida com a realidade do casamento e lidou com a história de famílias aparentemente incompatíveis, você está entre amigas. A maioria de nós já experimentou esse sentimento. Isso não significa que é hora de jogar a toalha. Não significa que vocês não são compatíveis. Isso não significa que você não tenha encontrado a sua metade nesta vida. Significa simplesmente que você é normal, absolutamente normal.

CASAMENTO É TRABALHO DURO

O casamento é um trabalho duro. Não há como fugir disso. No início, a maioria de nós entendeu que a declaração "o amor é cego" podia ser verdade. As diferenças entre nós eram todas fascinantes, pelo menos no início. Nossos horizontes foram ampliados por essa nova ligação familiar, e achamos essas novas experiências encantadoras. Com o tempo, no entanto, os desafios foram, bem... desafiadores!

Casamento de verdade não é o que se vê nas novelas, nem o que se assiste no cinema, e definitivamente não é a ficção da qual os romances são feitos. Com certeza há elementos como aqueles que podem ser parte da realidade. Infelizmente, no entanto, a mídia com frequência estabelece expectativas irreais, até mesmo fantasiosas, de como uma relação conjugal deve ser parecida.

Se formos honestas, casamento de verdade traz as nossas esquisitices à tona. Egoísmo e orgulho demonstram suas feiúras na vida cotidiana

Não existem casamentos perfeitos

de um casamento normal. Afinal de contas, gostamos das coisas à nossa própria maneira. Nosso modo é sempre o certo. Nossa lógica é sempre mais lógica do que a lógica do nosso cônjuge, certo?

Em seu livro *Casamento Sagrado*, Gary Thomas coloca esta questão: E se Deus planejou o casamento para nos fazer mais santos do que felizes.[1] Agora, essa é uma questão que vai mexer com a sua cabeça. Mas pense um pouco. Você coloca duas pessoas muito diferentes na mesma família, na mesma casa, e até na mesma cama, e então pede, de repente, que durmam juntos, tomem decisões juntos, criem os filhos juntos e enfrentem as reviravoltas da vida juntos. Essa é uma receita perfeita para o conflito.

Casamento real não é o que você vê nas novelas.

É na convivência diária que nossa parte mais feia se expõe. Se estamos dispostas a olhar, de repente somos capazes de ver quão egoístas realmente somos. Nossa natureza humana sempre quer as coisas à nossa maneira. Esse é o foco principal do egoísmo. Quando nos preocupamos apenas conosco ou com nossas necessidades, fechamos os olhos para as necessidades do nosso cônjuge. Como podemos eliminar o egoísmo da vida cotidiana? Ele pode chegar a tal forma que você nunca imaginou. Por exemplo, se você está sentada em frente ao computador digitando um e-mail enquanto o seu marido passa em frente à sua porta praticamente o dia inteiro, você para o que está fazendo, se levanta da cadeira e dá um beijo nele? Se não faz, é um sinal de que o egoísmo reinou. Você estava mais preocupada com a tarefa realizada do que com a pessoa que passava em frente à sua porta. Dói, não é?

Somos, por natureza, egoístas. No entanto, Deus mostrou-nos outro caminho. Ele nos deu como modelo a vida de um servo quando enviou o seu filho, Jesus, para a terra. Jesus serviu. Lavou pés. Passou tempo com as pessoas quando havia algo mais em sua lista de afazeres. E finalmente deu a sua vida por nós. Isso é o mais altruísta dos atos que alguém pode fazer. Deus nos orienta a vivermos em sacrifício, como diz

1 Gary Thomas, *Sacred Marriage* (Casamento sagrado), (Grand Rapids: Zondervan, 2002).

em Filipenses 2.3-5: "Nada façam por ambição egoísta ou por vaidade, mas humildemente considerem os outros superiores a si mesmos. Cada um cuide, não somente dos seus interesses, mas também dos interesses dos outros. Seja a atitude de vocês a mesma de Cristo Jesus."

Atrevo-me a dizer que a maioria das mães tem menos dificuldade de viver isso com seus filhos do que com seus maridos. Nós esperamos mais por algo diferente deles do que de nossos filhos. Além de tudo, nossas crianças são, bem, apenas *crianças*. Mas um marido, bem, ele é um adulto. Ele é mais responsável, então esperamos mais dele. Talvez essa seja a mensagem que estamos abrigando dentro de nosso coração, às vezes: "Meu marido é um adulto. Ele deveria estar me servindo assim como eu o sirvo. Se ele não está dando conta da sua parte, por que eu deveria manter minha parte do acordo?" Ah, assim o egoísmo vence mais uma vez. Todas nós lutamos contra isso, de uma forma ou de outra. Mas há outra coisa que faz do casamento uma tarefa difícil: o orgulho.

O orgulho é o cerne de muita discórdia conjugal. O orgulho acredita que a nossa maneira é a melhor, ou até a única maneira. O orgulho diz que *você* está mais errada do que eu. O orgulho diz que eu não estou errada em tudo, mesmo estando. O orgulho diz que um pedido de desculpas pode ser um sinal de fraqueza. O orgulho impede que conflitos sejam resolvidos e que o amor possa ser demonstrado.

Não existem uniões perfeitas, pois elas são feitas de duas pessoas imperfeitas. Infelizmente, o orgulho nos impede de admitir apenas quão imperfeitas somos. Deus nos diz: "O orgulho vem antes da destruição; o espírito altivo, antes da queda" (Provérbios 16.18). Aplique isso ao casamento, e vamos ser lembradas de que o orgulho pode destruir um matrimônio. Essa é uma verdade poderosa. Por que então não lutamos contra o orgulho? Controle. Falsamente acreditamos que estamos protegendo a nós mesmas, mantendo o "controle" sobre uma situação, em vez de servir ou nos submeter ao nosso cônjuge. Acreditamos que precisamos manter o controle em nossas mãos em nosso relacionamento para que ninguém, nem mesmo nosso cônjuge, possa levar vantagem sobre nós. Acreditamos que a nossa maneira de fazer as coisas é a única certa e que devemos controlar tudo porque fazemos tudo perfeitamente.

Você tem dificuldade de admitir alguma dessas coisas? Provavelmente é o orgulho que está no seu caminho mais uma vez. Não queremos admitir que estamos erradas, pecando, ou que temos motivos impuros de alguma forma. Vamos ser honestas: se você é humana, então luta contra o orgulho. Não há casamentos perfeitos, porque não existem pessoas perfeitas tornando-se unidas a partir de duas vidas.

É DESUMANO!

O que vamos fazer com o egoísmo e o orgulho que se estabelecem em nosso coração? Para começar, vamos voltar ao cerne da questão colocada por Gary Thomas. Nós entramos no casamento para, por meio dele, buscar a santidade e aprofundar a nossa caminhada espiritual, tornando-nos mais semelhantes a Cristo.

Você quer ser feliz? A melhor maneira de ser "feliz" é por intermédio da santidade. Buscar a santidade é coisa séria. Deixe-me compartilhar com você como tenho experimentado, nesse ano que passou, a verdade de que a felicidade é um subproduto da busca pela santidade.

Em julho de 2011, meu marido entrou em uma profunda depressão e desilusão. Ele não estava atento às minhas necessidades nem às necessidades da família. Estava escondido em seu próprio mundo de mentiras alimentadas pelo inimigo. Eu perguntava a Deus o que fazer, e sabia que a resposta do Senhor era: "Quero que você o ame." Eu dizia a Deus: "Não sei se o Senhor percebeu, mas ele é um pouco difícil de ser amado neste momento em que se encontra." E Deus respondeu no profundo da minha alma: "Bem, não sei se percebeu, mas você foi um pouco antipática algumas vezes." Então, pedi a Deus que me mostrasse como amar meu marido em sua depressão. Durante esse tempo, cheguei tão perto de Deus que senti como se estivesse perguntando a ele o que fazer em cada etapa do dia. Eu simplesmente não tinha energia ou conhecimento para saber como amar alguém que estava sendo tão pouco amável comigo. No entanto, Deus mostrou-me o que fazer em cada etapa. Quando Mark falava de uma forma áspera, eu respondia com uma resposta branda. Quando se distanciava de mim, eu queria estar mais perto dele, orando por ele. Quando ele me rejeitou e saiu de casa, pedi a Deus que me mostrasse como defender a minha posição dentro dos limites necessários, mas ainda revelar o amor que o Senhor estava me pedindo que tivesse por meu marido. Claro, houve momentos em que estraguei tudo. Minha carne lutou com o Espírito de Deus. Mas eu pedia perdão e seguia em frente em sua graça.

Durante o tempo em que Mark estava vivendo em outra casa, ele me convidava para jantar uma vez por semana. Dizia que era apenas para mantermos o diálogo e não para restaurar a relação. Toda vez que saía para jantar com ele, eu assumia uma atitude de oração: "Deus, isso é muito difícil para mim. O Senhor tem que fazer o amor acontecer. Deixe-me apenas ser usada pelo Senhor."

Uma noite, Mark subitamente disse:

– Como você pode me tratar tão gentilmente enquanto eu tenho lhe tratado tão mal?

Sem pensar, respondi:

– É só por causa de Deus, Mark. É desumano.

Ele riu da frase que eu disse. Eu ri de volta para ele também. Realmente não sei de onde essa frase veio. Ela saiu da minha boca sem eu sequer pensar nela. No entanto, foi uma descrição perfeita do que estava acontecendo em mim.

Eu estava buscando a santidade, e Deus estava me dando o que eu precisava, quando eu precisava. Foi uma experiência absolutamente desumana. Minha carne queria lançar-se em direção ao meu marido, mas meu coração estava sendo controlado pelo meu Deus, que é mais poderoso. Eu só precisava estar disposta. Mas isso não é tudo. Eu ainda era

Não existem casamentos perfeitos

capaz de encontrar paz e alegria no meio de um tempo tão horrível. Não me interpretem mal. Chorei muito, com todo o meu coração. Foram dias em que eu não me sentia nem mesmo capaz de preparar uma refeição para os meus filhos. Estava com o coração partido e profundamente ferida pelas ações de meu marido. No entanto, porque estava me aproximando de Deus em meio a tudo isso, descobri a verdade nas palavras que Jennifer Rothschild havia compartilhado para o nosso coração em 2010, na conferência Hearts at Home: "Posso até não estar bem com as minhas circunstâncias, mas está tudo bem com a minha alma."

Eu sabia, sem sombra de dúvida, que no meio das minhas circunstâncias o meu Deus não havia mudado. Havia paz e alegria naquela verdade. Eu gozava de uma sensação de calmaria no meio da tempestade circunstancial. E sabia que estaria bem, mesmo que o meu marido não voltasse ao nosso lar e para a família. Eu não queria que isso tivesse acontecido. Na verdade, nunca deixei de acreditar no meu casamento. No entanto, eu sabia que o Senhor ainda era Deus, mesmo quando estamos errando por meio de nossas ações. Saber que o amor de Deus, sua provisão e proteção não mudariam mesmo se o amor de meu marido, sua provisão e proteção se alterassem, me deu uma sensação de contentamento um pouco desumana também.

> *O Senhor ainda é Deus, mesmo quando agimos como ímpios.*

Há um final feliz para esta história. Meu marido retornou para casa arrependido pela dor que nos causou. Ele assumiu a responsabilidade diante de alguns amigos, que começaram a se reunir semanalmente para ler a Bíblia com ele. Mark pediu o perdão de Deus, e caminhamos na graça do Senhor. Ele pediu perdão a mim e aos nossos filhos, aos nossos dois genros e à nossa nora. Ele buscou a santidade sozinho, mergulhando na verdade de Deus, mantendo distância das tentações e passou a ser acompanhado por um conselheiro cristão. Um dia, cerca de seis semanas após sua nova vida com Deus e a família, ele me mandou uma mensagem: "Eu percebi uma coisa: estou feliz. Estou muito, muito feliz." Ele também buscou a santidade e encontrou a felicidade como um subproduto natural!

Com quais imperfeições você está lidando em sua vida? Em que parte dela há egoísmo, orgulho ou outro tipo de lixo em seu coração que a tem impedido de ter tanto a santidade como a felicidade? Os esforços desumanos para viver a vida da maneira que Deus deseja estão disponíveis no lugar onde nos aproximamos dele, mais do que nunca.

ELE É SEU MARIDO, NÃO SEU FILHO

O e-mail que recebi começou como tantos outros e-mails, conversas e mensagens de Facebook que eu havia trocado com mães ao longo dos anos. "Cara Jill, eu sou mãe de quatro... bem, cinco, se contar o meu marido..." Sei que eu também já disse isso uma vez ou outra. A maioria de nós já fez o mesmo. Dizemos isso com algum tom de humor e talvez até mesmo como uma forma de camaradagem em nossa conversa com outra mãe. Mas você já pensou quão desrespeitoso e humilhante é para o seu marido ser categorizado como um de seus filhos?

Se olharmos para o conceito de "expectativas" de um ângulo diferente, podemos ver que algumas de nós "esperamos" que nosso marido seja irresponsável. Oh, eu sei, você costuma fazer o comentário irreverente sobre o fato de seu marido ser como um de seus filhos com algo bastante trivial como: Ele não consegue encontrar o vidro de ketchup que fica sempre na parte da frente da porta da geladeira, exatamente como as crianças. Ou você diz isso porque parece que ele se esquece de fazer algo que disse que faria e você acaba tendo que fazer no lugar dele, da mesma forma como faz por todos os outros da família.

E você nunca tem tempo para esquecer o ketchup, ou detalhes, ou tarefas, certo?

Se "espero" que meu marido se comporte como uma criança e que ele goste de mim como um filho gosta da mãe, vou perder o respeito por ele como meu marido. Há um problema com isso, porque Deus nos

Não existem casamentos perfeitos

dá algo muito importante "para fazer" em nosso casamento: Respeitar o nosso marido (Efésios 5.33).

Quanto mais eu levar a sério a obediência a Deus, respeitando o meu esposo, mais verei mudanças positivas acontecendo no meu casamento. Minha amiga Karen tem me desafiado sobre essa questão em seu livro *The God-Empowered Wife* (A esposa fortalecida por Deus). Quando li estas palavras, elas soaram bastante convincentes para mim:

> Nós castramos nossos maridos sendo mãe deles, e, em seguida, reclamamos porque eles não estão fazendo sua parte no acordo. Depois, quando as coisas não funcionam, usamos dissimuladas tentativas para controlá-los e mudá-los, pressionando-os e instigando-os a fazer o que pensamos que deveriam, ou definimos algum "bom exemplo" esperando que eles acatem nossa sugestão. Eventualmente, acabamos de alguma maneira estando à frente, sobrecarregadas, tentando puxar nosso marido para seu lugar e nos perguntando por que eles não estão cooperando... Nós nos tornamos o cônjuge dominante, mesmo que essa não tenha sido a nossa intenção original.[1]

Isso se aproxima de mim vez ou outra, chegando perto demais. Acontece o mesmo com você? Esse é o lugar em que Deus mais tem me desafiado recentemente. Estou percebendo que as minhas expectativas estão, mais uma vez, prejudicando meus relacionamentos, mas não porque elas sejam muito altas, mas talvez porque sejam baixas demais. Essas expectativas baixas me impedem de dar ao meu marido o respeito que ele merece.

Sue Bohlin aborda essa questão em seu artigo intitulado "Trash Your Marriage in 8 Easy Steps" (8 passos fáceis de como jogar seu casamento no lixo). O passo número 7 é o seguinte:

---

1 Karen Haught, *The God-Empowered Wife* (A esposa fortalecida por Deus) (Booksurge, 2007), 66.

Esposas, *sejam a mãe* de seu marido. Quando as pessoas perguntam quantos filhos você tem, digam: "Dois ou três, se você contar o meu marido." Diga-lhe que vista um casaco quando estiver frio e use um guarda-chuva quando estiver chovendo, porque ele não pode descobrir isso por conta própria. Certifique-se de falar: "Eu lhe disse" o mais rápido possível. Se ele é passivo ou irresponsável, corra e resgate-o para que ele não tenha que lidar com as consequências de suas próprias escolhas. Certifique-se de que ele se sente como quem tem apenas três anos de idade. Diga-lhe como viver a vida dele, até ao mais ínfimo pormenor.

Bohlin, em seguida, continua a dizer: "O que realmente quero dizer é: Por favor, se você costuma fazer essas coisas, peça a ajuda de Deus para ser construtiva, em vez de destrutiva. Queremos ajudá-la a *construir* o seu casamento, e não jogá-lo no *lixo*."[1]

Eu não estou sozinha nessa, estou? Penso que muitas de nós lutamos com essa maneira de pensar em nosso próprio casamento. Você sabe o que estou aprendendo a fazer enquanto trabalho nessa imperfeição no meu casamento? Manter a minha boca fechada. Essa tem sido uma das lições mais importantes.

NINGUÉM GOSTA DE FALAR SOBRE ISSO

A maioria de nós luta com o egoísmo e o orgulho em nosso casamento. A maioria de nós encontra na realidade cotidiana de "respeitar" nosso marido um desafio dos mais difíceis. Mas, às vezes, os problemas vão muito além desses aspectos fundamentais de seu relacionamento. E se você está lidando com algo muito maior do que isso? E se o seu casamento foi afetado pela pornografia, infidelidade ou abuso? E se o divórcio for uma parte de sua história? E se uma família disfuncional for o que melhor

---

1 Sue Bohlin, "Trash Your Marriage in 8 Easy Steps," (8 passos fáceis de como jogar seu casamento no lixo) Probe Ministries, 2003, www.probe.org.

descreve a sua? E se você deseja um casamento como parte importante de sua vida, mas em vez disso está sendo uma mãe solitária? E se você e seu marido estão separados, e tudo o que diz respeito a casamento for muito doloroso? E se o seu marido perdeu o emprego e o banco está ameaçando tomar a sua casa? E se você vive com um homem que é altamente crítico com você ou luta contra a depressão?

Quando tais questões difíceis chegam a nós, é fácil nos sentirmos completamente isoladas neste mundo de problemas. Mas você não está sozinha. Não compare o que acontece dentro de seu casamento com as áreas externas e aparentes dos casamentos de outras pessoas. Essas imagens muitas vezes não condizem com a verdade. Rostos sorridentes nos cartões de Natal muitas vezes não revelam a dor por trás dos bastidores. Ainda que suas lutas sejam muito pessoais e muitas vezes dolorosas, elas não são exclusivas. Muitas outras mães enfrentaram as enormes dificuldades que tiveram ou ainda estão enfrentando. O desafio é encontrar alguém que a compreenda. Honestamente, hoje é mais fácil do que antes. Você pode não encontrar uma mãe em seu bairro ou em sua igreja, mas uma simples busca no Google irá ligá-la a sites e blogs alimentados por mães que lidam com qualquer problema, inclusive problemas semelhantes aos seus.

Veja, por exemplo, Trisha Davis. Ela posta no www.refineus.org com seu marido Justin. Após o plantio, com sucesso, de sua primeira igreja, Justin teve um caso com uma pessoa da equipe, que também era a melhor amiga de Trisha. Esse casal está há vários anos na estrada, e iniciou sua jornada de quatro anos de dor, sofrimento e, finalmente, da restauração de seu relacionamento. Eles compartilham abertamente no blog como foi a restauração de um casamento marcado pela infidelidade. No site www.laurabwilliams.com, você encontrará alguma história um pouco semelhante à de Laura, o que dá esperança para aqueles que buscam a cura depois de um caso.

Há ainda o www.brokenheartonhold.com, onde você vai encontrar Linda. Ela e o marido ficaram separados durante três anos antes de

Não existem mães perfeitas

seu lar ser restaurado. No www.todayschristianwoman.com, procure um excelente artigo de Cheri Fuller, com base em sua própria experiência sobre como lidar com a vida quando seu marido está deprimido. Se você é uma mãe solteira, pode entrar no www.thelifeofasinglemom.com, onde vai encontrar mulheres que entendem a sua real situação. Se você é divorciada, ou "madrasta" é um dos seus títulos, você pode encontrar uma amiga em Laura Petherbridge no site www.laurapetherbridge.com.

Infelizmente, com tantos problemas de casamento diferentes com que as mães de hoje estão lidando, não podemos relacionar todas as possibilidades e contatos aqui, mas o ponto é que há ajuda disponível para você e os seus problemas. Há outras mulheres que trilharam a mesma estrada na qual você está caminhando. Existem mulheres que querem ser honestas e falar sobre os problemas que enfrentam e que ninguém está disposto a abordá-los. A *Focus on the Family* (Foco na Família), por exemplo, é um ministério abrangente no qual você pode buscar ajuda. Lá, alguém vai lhe apresentar alguns dos melhores recursos sobre o assunto. Não sofra em silêncio. Não dê ouvidos à mentira do inimigo de que

> *Não finja que seu mundo está bem quando não está.*

você é a única a lidar com o que a está fazendo sofrer. Não se isole, colocando uma máscara e fingindo que tudo está bem quando não está. Seja honesta. Peça ajuda. Procure recursos que a manterão focada em Deus, fundamentada na verdade e ligada a alguém que entende os seus problemas e dificuldades.

Não há mulheres perfeitas. Não há maridos perfeitos. Não há casamentos perfeitos.

MUDE SUAS EXPECTATIVAS

A declaração "Meu marido e eu somos muito incompatíveis!" é uma indicação de expectativas irreais. Todo casal é maravilhosamente incompatível! Claro, alguns de nós compartilhamos mais passatempos, interesses, crenças e perspectivas sobre a vida com nossos cônjuges do que outros

Não existem casamentos perfeitos

casais. No entanto, cada casal lida com diferenças de uma forma ou de outra. Pensar que não existem diferenças é ser alguém fora da realidade. Altere as suas expectativas do que você vai precisar para viver quando se trata de buscar unidade em seu casamento. Espere diferenças: Elas vão existir, e às vezes causarão conflitos.

Isso nos leva à próxima expectativa que precisa ser ajustada. O conflito é normal. Ele acontece. É uma parte natural da junção de duas vidas. A coisa mais importante a fazer é aprender a lidar com o conflito de uma forma graciosa. Não podemos esperar que nossos casamentos sejam livres de conflitos. Isso não é real. Prepare-se para os conflitos. Eles vão existir, e se você conseguir lidar bem com eles, pode realmente aprofundar a intimidade em seu relacionamento conjugal.

Espere fluxos e refluxos de sentimentos em seu casamento. Nenhum casal vive um "amor eterno" o tempo todo. Sentimentos respiram, e eles são fluidos, e nem sempre nos dizem a verdade sobre nossos relacionamentos pessoais. Se você sentir que não ama mais o seu cônjuge, reconheça que o verdadeiro amor é uma escolha, não um sentimento. Aumente as suas ações amorosas, e seus sentimentos irão reacender com o tempo.

Deixe para pedir ajuda quando o seu relacionamento estiver indo realmente na direção errada. Quando o nosso corpo está doente é que vamos a um médico. Quando nosso casamento está doente, um conselheiro cristão pode ser uma grande ajuda para melhorar nossa comunicação e aprofundar questões até o cerne dos nossos verdadeiros desafios. Se você não sabe por onde começar, peça orientação ao seu pastor ou a amigos que acham a busca por aconselhamento algo útil. Não hesite em mudar de conselheiro caso sinta que um de vocês, ou ambos, não está se conectando como deveria ou esperava.

Procure partilhar claramente as suas expectativas com seu cônjuge. Ele não é um leitor de mentes. Ele não sente a vida da mesma forma que você. E não pensa da mesma maneira que você. Ele não toma decisões ou processa as dificuldades da mesma forma que você. Se você deseja alguma coisa dele, peça-lhe *com palavras*. Essa conversa vai ajudá-lo a satisfazer as suas necessidades ou ajudá-lo a ver que suas expectativas em relação às dele estão desalinhadas.

Uma vez ouvi alguém dizer que "as expectativas são ressentimentos preconcebidos." A verdade é que essas palavras me atingem diretamente. E elas se aplicam especialmente ao relacionamento conjugal, no qual as nossas expectativas não atendidas se transformam em ressentimentos, que depois de um tempo se transformam em amargura, que se transformam em ira, e, finalmente, o conjunto da obra torna-se um conflito que poderia ter sido de fato evitado.

É normal o casal ter alguns problemas mais realistas, diferenças, conflitos ou até mesmo um fluxo e refluxo de sentimentos. Só tome cuidado para não colocar a sua esperança em outra pessoa, projetando nela as suas expectativas de que vai agir e reagir de uma determinada maneira. Não a torne responsável pela sua felicidade. Esses são os tipos de expectativas que levam a ressentimentos que desorganizam o seu coração de uma forma doentia.

APLIQUE O ANTÍDOTO

O Vírus da Perfeição já contaminou muitos casamentos, assim como já contaminou muitas outras partes de nossa vida. O primeiro passo na construção de uma resistência a essa doença prejudicial é reconhecer sua existência e o efeito que ela provoca em nosso relacionamento conjugal. Uma vez que podemos ver a realidade do matrimônio, também podemos começar a aplicar os antídotos necessários.

Substitua o orgulho pela humildade

Em nenhum outro relacionamento é mais importante substituir o orgulho pela humildade do que no casamento. O orgulho mantém o conflito sem solução. E isso nos impede de resolvermos nossa própria crise pessoal. Ele nos impede de ver que existem outras boas maneiras de fazer as coisas que nos levam a imaginar que a nossa maneira de pensar é a única correta. Orgulho separa, machuca e até mesmo destrói.

Ao contrário, a humildade está no núcleo de um casamento saudável. Ela nos ajuda a resolver conflitos. Permite-nos compreender os nossos próprios erros e a parte no conflito que é nossa responsabilidade, não importa o tamanho de nossas contribuições para o problema. A humildade nos permite ver que as outras pessoas também têm boas ideias. A humildade une, cura e edifica. Se você substituir o orgulho pela humildade em seu coração, encontrará uma ou mais dessas estratégias úteis:

Reconheça a parte que lhe pertence no conflito. Mesmo se seu cônjuge estiver 90 por cento errado e você, apenas 10 por cento, peça desculpas e perdão pelos seus 10 por cento, independentemente de seu cônjuge reconhecer a parte que cabe a ele, ou não. Nós somos plenamente responsáveis pela condição de nosso coração e pela nossa obediência a Deus.

Olhe o que Deus diz sobre o orgulho. Se você pesquisar em alguns sites cristãos, descobrirá que centenas de textos e versículos mencionam a palavra *orgulho*. Eu diria que a Palavra é algo realmente grande e tem peso no caráter de qualquer cristão sério. Alguns versículos encontrados no livro de Provérbios certamente podem nos ajudar a entender por que temos de lidar de maneira séria e cautelosa com o orgulho: "...odeio o orgulho e a arrogância, o mau comportamento e o falar perverso" (8.13b); "Quando vem o orgulho, chega a desgraça, mas a sabedoria está com os humildes" (11.2); "O orgulho só gera discussões, mas a sabedoria está com os que tomam conselho" (13.10); "Na boca do tolo está a punição da soberba, mas os sábios se conservam pelos próprios lábios"

(14.3 ACF); e por fim "O orgulho vem antes da destruição; o espírito altivo, antes da queda" (16.18).

Exercite a humildade. A humildade vem naturalmente para algumas pessoas, mas em geral ela precisa ser aprendida. Comece submetendo ao seu marido algo que não seja muito importante. Por exemplo, se ele sugerir um restaurante mexicano para o jantar, mas você estava pensando em comer massa numa cantina italiana, apenas concorde em comer *tacos* no restaurante mexicano com um coração alegre. Com humildade, nós devemos aceitar o nosso lugar como uma das pessoas em um casamento de dois ou de uma pessoa em uma família de cinco. Quando reconhecemos que não somos mais importantes do que outros, isso nos ajuda a substituir o orgulho pela humildade.

Substitua o medo pela coragem

O medo nos impede de sermos honestas, o que mantém a nossa intimidade emocional em estado de espera. A coragem nos mantém honestas e aprofunda a verdadeira intimidade no nosso casamento. O medo gera insegurança. A coragem traz confiança. Aqui estão algumas sugestões práticas para você substituir o medo pela coragem:

Identifique a raiz e a origem de seus medos. Você tem medo de rejeição? Você foi condicionada a ser desonesta sobre seus sentimentos em sua família, quando ainda era solteira? Você quer agradar as pessoas de tal forma que é incapaz de ser honesta? Você tem medo de ser criticada? Uma vez capaz de identificar o que está na origem do seu medo, você vai entender melhor a motivação por trás de suas ações. Partilhe a sua descoberta com o seu cônjuge e peça-lhe que a ajude a substituir o medo pela coragem em suas interações com ele.

Assuma riscos. Você tem medo de dizer ao seu marido como se sente realmente sobre alguma coisa? Assuma o risco e responda honestamente às perguntas dele ou compartilhe com ele algo que você está pensando. Foque na coragem que Deus lhe dá, não no medo que está sentindo. Quanto mais riscos você correr e enfrentar, mais começará a descobrir o quanto você menciona coisas possíveis e "terríveis" que nunca serão concretizadas. Seu medo vai diminuir com o passar do tempo, e sua coragem irá aumentar.

Avalie seus medos. Em um pedaço de papel, desenhe cinco colunas. Na primeira coluna, liste as coisas que mais lhe causam medo. Na segunda, para cada um desses medos, anote qual a pior coisa que poderia acontecer se um deles se tornasse realidade. Na seguinte, anote como provavelmente a pior coisa estaria para acontecer. Na quarta, diga como o medo estaria prendendo você. Finalmente, na última coluna, *para um ou dois dos medos que você listou*, escreva logo abaixo dessas palavras como você está se preparando para enfrentá-los. Liste as medidas práticas que você pensa tomar e uma data específica em que espera cumprir cada uma dessas ações. Agora siga as dicas e veja como a sua coragem vai crescer.

Substitua a insegurança pela confiança

Insegurança em um casamento nos leva a esperar que nosso cônjuge possa atender às necessidades que só Deus pode satisfazer. É importante precisar de nosso cônjuge, mas igualmente importante é que isso precisa ser de uma forma saudável e equilibrada.

A insegurança também pode querer que imponhamos nossos medos ao nosso cônjuge. Nós podemos pensar em alguma coisa tão difícil e nos preocupar com isso por tanto tempo que realmente começamos a acreditar que algo pode acontecer quando na realidade não existe. Veja se você precisa dessas sugestões para sair da insegurança para a confiança em seu casamento:

Avalie se sua bagagem emocional pode estar sendo transportada para dentro de seu casamento. Por exemplo, seu pai abandonou a sua família quando você era uma criança? Você está inconscientemente esperando que seu marido possa fazer a mesma coisa? Se você pode entender de onde vem a sua insegurança, é mais provável que seja capaz de enfrentá-la com sucesso.

Procure aconselhamento. Às vezes, nossas inseguranças são profundas o suficiente para que precisemos de ajuda para entendê-las. Algumas sessões com um conselheiro cristão pode ajudá-la a retirar essa insegurança do seu coração.

Leia livros cristãos que possam lhe trazer confiança. Os livros podem ajudá-la a compreender o que é "segurança" e como Deus age em nossa vida. E procure livros que falem de relacionamentos familiares sob a perspectiva cristã. Bons livros também podem nos ajudar a entender como nossas famílias de origem afetam os nossos relacionamentos amorosos.

Substitua o julgamento pela graça

Este é um dos antídotos mais importantes para aplicar em seu casamento. Cada uma de nós abriga julgamentos em nosso coração em um momento ou outro da vida. O julgamento eleva o que temos de pior, em especial em nosso casamento, quando pensamos algo como: "Ele é muito estúpido." "Ele não consegue fazer nem isso certo?" "Ele é exatamente como um de nossos filhos", ou "Ele é muito irresponsável." Experimente estas estratégias para substituir o julgamento pela graça em seu casamento:

Preste atenção aos pensamentos que permeiam a sua mente e o seu coração. A Bíblia diz: "Acima de tudo, guarde o seu coração, pois dele depende toda a sua vida" (Provérbios 4.23). Sua cabeça e seu coração trabalham juntos para determinar a sua atitude e o seu comportamento. No exato minuto em que você pensar algo crítico sobre seu marido, diga a Deus que está arrependida e substitua esse pensamento por algo que honre a pessoa dele.

Dê espaço para a graça. Quando você age com graça com o seu marido, permite que ele seja humano e cometa erros sem ser criticado toda hora. A graça reconhece que todos nós cometemos erros. Deus nos dá graça quando não merecemos. Dê graça ao seu marido quando ele não merecer.

ACEITE O SEU BELO E PERFEITO MARIDO

Se você é casada, agradeça a Deus por isso. Há milhões de mães exercendo a maternidade sozinhas. Dê graças a Deus pelos pontos fortes do seu marido e trabalhe para ajudá-lo a fazer seu trabalho diariamente. Não deixe que o Vírus da Perfeição e as expectativas irreais roubem o que você tem.

Não há maridos perfeitos. Mas homens imperfeitos que cometem erros ao longo do caminho, e isso lhe dá a oportunidade de aprender a amar de uma maneira que você nunca soube que um dia poderia.

CAPÍTULO 6

NÃO EXISTEM AMIGOS *perfeitos*

O que vou relatar agora aconteceu no aniversário de seis anos de Anne. Eu havia prometido a ela um bolo da boneca Barbie, daqueles em que o vestido da Barbie é o próprio bolo. Erica, que tinha apenas sete semanas de vida, estava doente fazia alguns dias, e decidi que era hora de levá-la ao médico. No momento do exame, o nosso pediatra diagnosticou que Erica tinha pneumonia e estava com um fortíssimo desconforto respiratório. É claro, isso não era um bom diagnóstico para uma criança com sete semanas de vida. Num piscar de olhos, estávamos do outro lado da rua dando entrada no hospital para o que viria a ser uma internação de quatro dias. Como eu estava cuidando de Erica, também fiquei no hospital o tempo todo, sem poder sair de lá e impossibilitada de pensar em qualquer outra coisa. De repente, o bolo da Barbie, que era a necessidade de Anne, se tornou menos importante e menos relevante diante de uma irmã muito doente.

Liguei para minha amiga Bonnie e pedi que ela pegasse Anne e Evan na escola naquele dia. Para que Mark pudesse ficar no hospital o máximo de tempo possível, decidimos que as crianças ficariam com Bonnie apenas na primeira noite. Com nossa ausência, no dia seguinte Anne teve a sua festa de aniversário de forma mais espontânea. Bonnie fez um bolo, serviu com sorvete e até comprou alguns presentes.

É para isso que servem os amigos!

Toda mãe precisa de uma comunidade de mães em torno dela. Esse tipo de relacionamento pode ser encontrado e promovido em grupos de mães, igrejas, bairros, grupos comunitários ou até em grupos de leituras. Minha amiga Julie e eu nos conhecemos assim. Nós duas sempre levamos as crianças para o mesmo programa de leitura na biblioteca. A cada semana que desfrutávamos da companhia uma da outra, uma amizade foi se desenvolvendo, e já dura mais de 20 anos. Julie teve de se afastar por ter mudado de cidade, mas ficamos mantendo contato pelo Facebook e começamos a nos ver nas conferências anuais de Hearts at Home, todo mês de março. Embora não fôssemos o tipo de amigas que faziam tudo juntas, nosso coração se uniu por meio de valores e prioridades semelhantes. Agora, vinte anos depois, nós começamos a apreciar, juntas, as alegrias e surpresas de sermos avós!

Amizades são uma parte importante da maternidade. Precisamos desesperadamente umas das outras. No entanto, amizades nem sempre

> *Toda mãe precisa de uma comunidade de mães em torno dela.*

são perfeitas. Se as histórias sobre Bonnie e Julie foram tudo o que eu pude compartilhar, creio que você tenha percebido que nem tudo sempre foi bom para mim no reino das amizades. Tive algumas grandes amizades e outras experiências não tão maravilhosas. Não há amigos perfeitos, mas há formas pelas quais podemos praticar a arte de fazer e de ser um amigo.

AÍ ESTÁ VOCÊ!

Uma vez eu li em uma coluna de jornal que existem dois tipos de pessoas neste mundo: aquelas que entram em uma sala e dizem: "Aqui estou eu.

Venha falar comigo. Venha e pergunte sobre mim. Venha me fazer sentir confortável!", e as que entram em uma sala e dizem: "Aí está você! Você parece interessante para eu conhecer. Diga-me alguma coisa sobre você." É uma sutil distinção, mas ao mesmo tempo essencial.

Amizade tem que começar em algum lugar. Se você é amiga de alguém desde a infância, pode não se lembrar de como essa amizade começou. Como adultas, no entanto, é preciso saber como encontrar uma nova amiga, começar a conhecê-la um pouco e se empenhar na construção de uma amizade especial. Seria algo realmente valioso para nós. Quanto mais rápido aprendermos a ser uma "Aí está você!", mais fácil será conhecer novas pessoas. Quando ficamos em nosso canto "Aqui estou", estamos mais preocupadas com o nosso próprio conforto do que com o conforto das pessoas à nossa volta – e então somos lentas para fazer amizades.

Vamos aplicar isso a uma situação da vida real. Digamos que você frequente assiduamente um grupo de mães. Você ama ir toda semana ver suas amigas, aprender alguma coisa com a palestrante convidada e deixar que outra pessoa tome conta de seus filhos por umas duas horas semanais. Em um desses dias, você vê um novo rosto. Essa mulher conversou brevemente com algumas pessoas, mas é óbvio que ainda está desconfortável por não conhecer ninguém no grupo. Você quer se aproximar dela, mas realmente não sabe a melhor forma de fazer isso, então não diz nada, e continua falando apenas com as mulheres de sempre, que você já conhece. Se ela disser algo, você até ficará feliz em conversar um pouco, mas se não disser... Ah, deixa pra lá.

Em uma situação assim, você agiu exatamente como uma pessoa do tipo "Aqui estou." Você até ficou segura de si e de seu lugar sem correr maiores riscos, mas perdeu uma grande oportunidade de ser como Jesus para alguém que precisava desesperadamente ser vista e valorizada. Também deixou escapar a oportunidade de conhecer alguém que poderia (ou não) se tornar sua amiga um dia.

Se ela retornar ao grupo na próxima semana, você terá outra oportunidade. E dessa vez você poderá ter uma atitude diferente e ser uma pessoa do tipo "Aqui está você!." Caminhe até ela, dê-lhe um abraço firme e diga: "Oi! Eu sou *fulana*, e nem não acredito que finalmente tive a oportunidade de conhecê-la!" Ela vai responder com um sorriso e dizer o nome dela. Então você poderá, finalmente, iniciar a conversa para "conhecê-la": *Conte-me sobre a sua família. Você é da cidade mesmo? Qual a idade dos seus filhos? Você se reúne em casa com o pessoal da igreja? Como você ficou sabendo sobre este grupo de mães?* Não é que deva enchê-la de perguntas, mas seu objetivo é aprender mais sobre ela e, no processo, fazer com que ela possa se sentir bem-vinda e bem cuidada.

Foi assim que conheci a minha amiga Marianne. O marido dela estava em uma entrevista de emprego, tentando conseguir um trabalho em nosso bairro. Marianne e seus dois filhos vieram juntos para fazer um passeio pela cidade. Eles descobriram um parque agradável para brincar, enquanto o pai estava na entrevista. A casa onde morávamos era ao lado da entrada do parque. Meus filhos foram brincar lá fora no parque e eu os observava; vi também o marido deixá-la com as crianças ali. Após um tempo, um dos filhos de Marianne sentiu vontade de ir a um banheiro. Sabendo que não havia banheiro público no parque, eu me apresentei a ela e disse-lhe que podia usar o da minha casa. Durante a hora seguinte, Marianne e eu nos conhecemos um pouco melhor, e uma amizade nasceu. Seu marido foi contratado para o trabalho, e quando sua família se mudou para a cidade, ela já tinha em mim uma amiga. Como os nossos filhos eram quase da mesma idade, em algumas noites da semana nós fazíamos algo juntas. Marianne e eu muitas vezes deixamos as crianças brincando enquanto desfrutávamos de algumas conversas agradáveis que nos eram comuns e interessantes. Apesar de hoje não sermos mais tão próximas, gostamos de conversar quando nos esbarramos em uma loja ou em um restaurante, e minha vida é definitivamente mais rica e abençoada por causa do tempo que passei com ela.

Então, você é uma pessoa "Aqui estou" ou é do tipo "Aí está você!"? Descobrir isso vai ajudá-la a saber por onde começar quando precisar conhecer novas pessoas e iniciar novas amizades. Para a maioria de nós, no entanto, iniciar novas amizades não é onde mais experimentamos decepções e frustrações dentro das relações femininas. O relacionamento com mulheres pode ser uma bênção incrível para nossa vida, mas, se formos honestas, ele pode ser também uma fonte de dor. Como não há amigos perfeitos, vamos explorar a realidade das amizades desafiadoras.

MENINAS MALVADAS

Eu, assim como você, tenho minha parte de histórias com "meninas malvadas" que posso contar. Houve uma senhora que se aproximou de mim na igreja e anunciou que o meu cabelo curto e espetado a intimidava. Depois, houve a mulher que apenas *teve* de ser minha amiga. Ela havia me chamado muitas vezes, e eu estava realmente começando a desfrutar da alegria e do prazer de conhecê-la. Pensei que estávamos realmente forjando uma bela e duradoura amizade. Mas, de repente, ela e seu marido decidiram mudar de igreja, e eu, de uma hora para outra, já não existia mais. Acho que ela só queria ser amiga da "esposa do pastor", e não da "Jill."

Depois, houve uma história de uma "amiga conveniente." Eu gostei da companhia de uma amiga que conheci no nosso grupo de mães. Nós duas éramos mães de tempo integral e morávamos apenas a alguns quilômetros de distância uma da outra, o que nos permitia frequentemente nos encontrar para deixar as crianças brincarem um pouco juntas. Também usávamos bastante as babás, o que nos permitia, algumas vezes, ir até alguma loja sozinhas ou levar uma das crianças para o médico sem ter que levar todos os irmãos juntos.

Quando nossa família se mudou para uma nova casa, cerca de seis quilômetros da cidade, de repente a amizade mudou. Os pedidos de ajuda eram frequentemente negados por ela, e a maioria deles era recebi-

Não existem mães perfeitas

da com certa resistência. Parecia que a distância era muito longa para se ter uma amizade real. Pensei que fôssemos amigas de verdade, mas hoje acredito que éramos apenas "amigas convenientes" uma à outra. Quando as coisas deixaram de ser convenientes, deixamos de ser amigas.

Finalmente, a história da "amiga" que tive por oito anos, durante a minha primeira maternidade. Fizemos tudo juntas, vivemos a vida intensamente: rindo juntas, orando juntas, encorajando uma à outra no casamento, na criação dos filhos e no ministério. Já perto do fim da nossa amizade, eu podia perceber que ela estava começando a colocar uma certa distância em nosso relacionamento, então perguntei se eu havia feito algo que a tivesse desagradado ou ferido de alguma forma. Ela disse que não, mas a distância continuou. Perguntei novamente e recebi a mesma resposta. Finalmente, um dia, ela me convidou para tomarmos um café, e me disse que não podíamos mais ser amigas. Quando perguntei o porquê e o que havia acontecido, ela respondeu: "Nós simplesmente não podemos mais ser amigas."

Sinceramente, eu não tenho a menor ideia do que aconteceu nessa relação. O que posso dizer-lhe, no entanto, é que mesmo agora, quase quinze anos mais tarde, eu sinto uma profunda dor emocional apenas recontando essa história. Apesar de tê-la perdoado pela dor que ela trouxe ao meu coração, a verdade permanece: pessoas imperfeitas podem nos ferir profundamente.

É bem provável que você tenha algumas histórias assim. Os relacionamentos das mulheres podem ser um pouco complicados. Na verdade, de fato não me aventurei profundamente nas amizades femininas até que me tornei uma adulta. Não tive muitos namorados enquanto crescia; e tive vários amigos homens. Eles não eram namorados, eram apenas os caras com os quais eu jogava beisebol no terreno vazio ao lado de nossa casa ou eram os caras da banda ou da escola com quem eu saía. Os rapazes eram amigos seguros – não criticavam nem fofocavam. É claro que as amizades não eram profundas. Elas eram apenas seguras. Eu gostei disso.

Quando me tornei mãe, percebi que tinha a necessidade de relações femininas. Pela primeira vez na vida, eu precisava de outras mulheres que compreenderiam por que minha vida era assim. Fiquei impressionada com esse novo papel, e queria saber como as outras mães lidavam com isso. Ainda que eu tenha algumas amigas do ensino médio com as quais mantenho constante contato, a maioria das amizades que tenho hoje foi construída na idade adulta.

Então, como vamos manter os nossos relacionamentos adultos? Se encontrarmos amigas do tipo "Aí está você!", como vamos progredir do coleguismo para a amizade? Vamos olhar um pouco adiante sobre como forjar uma amizade e o que fazer com as frustrações que experimentaremos em algum momento com as nossas amigas imperfeitas.

FORJANDO A AMIZADE

Eu costumava dizer às mulheres no grupo de mães que liderava: "Aqui é onde você vai encontrar outras mães como você. Sua sala de estar é onde você vai fazer amigas." Eu sabia que essas mulheres nunca iriam construir amizades simplesmente permanecendo sentadas na mesma sala com uma centena de outras mulheres por cerca de duas horas, a cada quarta-feira. A amizade acontece quando você convida uma daquelas mães para um chá ou um lanche depois das reuniões do grupo a cada semana.

Nem toda mãe convidada por você se tornará uma grande amiga, porém ela se tornará parte da sua comunidade de mães. A comunidade de mães é feita de mulheres que vivem no mesmo estágio de maternidade que você se encontra. Você pode parar e conversar com elas no supermercado. Pode enviar-lhes mensagem pelo Facebook para tirar pequenas dúvidas sobre a criação de seus filhos ainda pequenos ou como lidar com um adolescente rebelde. Suas amigas mais próximas são uma parte de sua comunidade de mães, mas também existem aquelas mães com filhos pequenos que você já conhece.

De vez em quando, você terá uma mãe fazendo um lanchinho em sua casa, em quem você realmente pode confiar e com quem vai se sentir bem. Quando ela sair de sua casa, você vai pensar: "Uau! Isso foi muito divertido. Eu gostei muito dela e de suas crianças. E gostaria de fazer isso de novo." Se o sentimento é mútuo, você vai passar tempo junto com ela em muitas outras ocasiões. E uma nova amizade vai nascer.

Uma boa amiga é aquela que você pode chamar de repente e dizer: "Socorro, amiga! Estou precisando de um tempo a sós com o meu marido esta noite. Eu poderia deixar meus filhos com você por pouco mais de uma hora, por favor?" Ou "Oi, estou com um de meus filhos doente, precisando ser levado imediatamente ao médico. Você poderia cuidar dos meus outros dois?" É claro que a amizade é uma "via de mão dupla." Essa mesma amiga prestativa tem que ser capaz de ligar para a sua casa e pedir as mesmas coisas, e você precisa estar disposta a ajudá-la. Uma boa amiga é também uma pessoa com quem você gosta de se reunir para tomar um café apenas para, no fim, descobrir que horas se passaram, quando pareciam apenas alguns poucos minutos.

Ter bons amigos é como ter dinheiro no banco.

No entanto, as amizades precisam ser alimentadas para que se tornem sustentáveis e permanentes. Para manter uma amizade saudável, existem algumas maneiras que nós, mães, precisamos conhecer e colocar em prática.

AMIZADE AJUDA MUITO!

Ter bons amigos é como ter dinheiro no banco. Se a vida fica difícil, eles estão lá quando você precisa fazer um saque. Quando meu marido sofreu a crise da meia-idade e saiu de casa, três das minhas amigas mais próximas chegaram a minha casa em cerca de uma hora. Uma delas não saiu de perto de mim por dois dias. Se ela não tivesse colocado comida e água na minha frente e tivesse dito: "Coma" e "Beba", eu não teria comido nem bebido nada. Ela me acompanhou em uma consulta de aconselhamento no dia seguinte à saída do meu marido, anotando tudo que o conselheiro me dizia, porque eu não conseguia parar de chorar.

Eu fiquei atordoada por algumas semanas depois que ele me deixou. Outras amigas traziam refeições, ajudavam a arrumar as coisas para que os meus filhos mais velhos pudessem vir para casa, enviavam palavras de encorajamento, compartilhavam mensagens com orações, ou apenas apareciam na minha porta repentinamente para me ajudar a fazer o que precisava ser feito.

Todas nós esperamos que a crise não atinja a nossa família, mas a vida é dura e, por vezes, o inesperado acontece. Morte, divórcio, doença, infidelidade, câncer. Esperamos que essas palavras não sejam usadas para descrever as nossas circunstâncias, mas não há nenhuma maneira de se isolar de tal forma a ponto de ficarmos completamente imunes a essas palavras assustadoras. Quando algo acontece, precisamos ter amigos que nos ajudem a suportar a carga.

Como está o seu "banco da amizade"? É hora de fazer alguns investimentos? A vida tem seus altos e baixos, e nós precisamos uns dos outros para passar pelas circunstâncias mais difíceis. A amizade requer um investimento de tempo e energia. Hoje é o dia perfeito para você ligar para uma amiga que deseja conhecer melhor ou mesmo para investir em uma amizade já existente, mas que anda meio morna. Marque um café, organize uma noite para sair com as meninas, faça alguma coisa para depositar algum dinheiro no seu "banco da amizade." Nunca se sabe quando você vai precisar fazer um saque.

APLIQUE O ANTÍDOTO

Você pode fazer todas as coisas certas que estiverem ao seu alcance, mas ainda assim, um dia, se verá cara a cara com amigas imperfeitas. Isso porque somos todos humanos, e ninguém é perfeito. Claro, você também não é perfeita, por isso é provável que haja momentos em que você frustrará seus amigos também! O que fazemos quando criamos uma alta expectativa que não consegue atender à realidade? Como podemos manter o Vírus da Perfeição longe, quando se trata do cultivo de nossas amizades? Aqui estão algumas estratégias práticas:

Mude suas expectativas

Você ainda está se recuperando? Nós não estamos baixando nossas expectativas; estamos tentando mudá-las para adequá-las melhor à realidade. Os amigos são uma parte importante da vida. Nem toda mãe que você encontra se tornará uma boa amiga. Boas amigas são imperfeitas, e irão fracassar, nem sempre vão conseguir lidar com uma determinada situação da maneira como você gostaria, e talvez se esqueçam de lhe responder a uma mensagem ou retornar uma ligação em uma determinada ocasião. Se você espera imperfeição de alguém, então não vai se decepcionar quando ela acontecer. Você também será mais cheia de graça e uma amiga adorável se redefinir suas expectativas para um melhor aproveitamento da realidade.

Procure a humildade

Humildade acontece quando erramos, admitimos e pedimos perdão. Ser uma amiga humilde nos permite admitir nossos erros, nos ver livres deles e resistirmos a esses mesmos erros. Se estamos propensas a comparar o nosso interior com o exterior de outra pessoa, é provável que façamos isso com nossas amigas também. É fácil tirar conclusões precipitadas sobre outra pessoa, pensando que elas são melhores ou piores do que nós. É desconfortável reconhecer isso, mas se prestarmos atenção à nossa própria vida, o pensamento do orgulho acontece com mais frequência do que gostaríamos de admitir. Quando uma voz, aparentemente despretensiosa, sussurra dentro de nossa cabeça: "Se ela fizesse apenas isso, então seu filho seria mais disciplinado e educado." "Se ela deixasse de assistir a tanta TV, certamente seu marido não teria saído de casa." Quando do temos sempre as respostas certas para a vida de outras pessoas, isso se chama orgulho. A humildade diz: "Eu não sei a resposta, mas sinto sua dor." Ela também diz: "Não tenho dificuldades como as suas, mas tenho certeza de que as minhas, que são diferentes das suas, também são muito difíceis." O orgulho diz: "Eu tenho as respostas de que você precisa." A humildade diz: "Eu ainda tenho muito a aprender. Eu não sei tudo."

Busque a coragem

O medo irá manter ocultas algumas questões não devidamente resolvidas em uma amizade. É preciso coragem para ter uma conversa franca quando as coisas precisam ser ditas em uma amizade. Aprenda a "perguntar a seus pensamentos." Se você se sentiu desconfortável com algo que uma amiga disse, pergunte a ela sobre isso. Se você sentir uma certa distância em seu relacionamento, pergunte sobre isso, dizendo algo como: "Será que estamos realmente bem?"

Recentemente tive uma reunião com várias pessoas na minha editora. Após a reunião, a minha editora me enviou um e-mail, dizendo: "Acho que o tempo que passamos juntas conversando sobre o livro foi um pouco tenso. Talvez eu apenas esteja imaginando isso e não seja necessariamente verdade, mas se há alguma coisa que você gostaria de falar, por favor, me ligue." Fiquei muito feliz por ela ter exposto seus pensamentos. Respondi que não me senti desse jeito que ela imaginou e que tudo ficou resolvido. Ela, então, respondeu com um agradecimento pelas minhas palavras. Isso é o que a coragem faz!

Seja confiante

A insegurança diz que não somos dignas do tempo e da energia de alguém, mas a confiança diz que somos valiosas e temos algo a oferecer de volta a uma amizade. A confiança nos leva a nos definir como Deus nos vê: perdoadas, amadas, valiosas e cheias de esperança e promessas. Não somos perfeitas, mas estamos em constante aperfeiçoamento. Em outras palavras, Deus quer nos tornar mais semelhantes a Cristo a cada dia. Leve sua confiança em Deus sempre com você quando for conhecer alguém. Leve sua confiança em Deus com você quando precisar ter uma conversa honesta com uma amiga. Leve a sua confiança em Deus com você quando a vida ficar difícil e uma amiga a decepcionar. A confiança nos dá força para olhar para o Vírus da Perfeição e colocá-lo em seu devido lugar.

MÃES

Ao mesmo tempo que são geralmente as professoras de boas maneiras, elas também precisam "lembrar suas maneiras" para interagir melhor com outras mães. Embora eu nunca tenha visto um livro sobre como se portar adequadamente durante a maternidade, há mães que podem nos dar um pouco do que compõe o "bom comportamento das mamães." Quando me sentei uma vez com um grupo de mães para discutir esse tema, estas foram as maneiras que achamos serem as mais importantes:

- Ao visitar a casa de alguém com as crianças, antes de ir embora sempre ajude a arrumar os brinquedos que elas usaram. Isso vai ensinar seus filhos a terem responsabilidade e vai mostrar respeito para com a dona da casa.
- Se você estiver em um ambiente tranquilo, público (como uma reunião ou culto na igreja), com um bebê ou uma criança pequena, quando a criança reclamar ou chorar, sempre saia do ambiente para resolver o problema no instante em que ele ou ela começar a agitação. Isso é sinal de respeito para com aqueles ao seu redor que estão tentando ouvir o que está sendo dito naquele encontro.
- Se o seu bebê sujar a fralda enquanto você visita a casa de alguém, nunca coloque a fralda suja e fedendo no lixo daquela família. A maioria das mães concorda que você tem duas opções: 1) manter sacos plásticos na sua bolsa para a troca e armazenamento da fralda suja, levando-a de volta para sua casa para jogá-la fora, ou

Não existem amigos perfeitos

2) perguntar onde há uma lata de lixo mais próxima ao ar livre e, assim, poder descartar a fralda fora da casa daquela família.

- Depois que alguém tiver um bebê, faça-lhe uma ligação quando você estiver na padaria e se ofereça para levar leite, pão ou o que quer que essa família necessite.
- Sempre confirme rapidamente os convites que seus filhos receberem.
- Ofereça-se para pagar a gasolina ao compartilhar uma carona para suas crianças em algum evento esportivo fora da cidade.
- Ofereça-se para segurar e manter a porta aberta para uma mãe entrar em uma loja com um carrinho de bebê. Se você não é mais uma mãe que está empurrando um carrinho atualmente, lembre--se de que já foi um dia!
- Seja a primeira a acenar para os vizinhos ao caminhar ou dirigir pela sua rua.
- Se você estiver levando suas crianças para o mesmo evento, aula ou acampamento das crianças da sua vizinha, ofereça-se para le-vá-las.
- Quando seus filhos levarem um amigo para passar a noite em sua casa, tenha sempre as malas da criança visitante preparadas, a cama pronta e os calçados perto da porta no momento predeterminado quando os pais buscarem o filho de volta.
- Quando for para a casa de alguém em um dia de jogo ou brincadeira de seus filhos, ofereça-se para trazer o seu próprio almoço ou lanche. Isso pode aliviar a carga da dona da casa e eliminar a síndrome do comedor exigente. Ela pode recusar, mas pelo menos você ofereceu!
- Lembre-se de respeitar o modo de fazer as coisas da outra mãe, mesmo que seja diferente da maneira como você faz!
- Seja uma boa ouvinte. Não tente superar a história de outra mãe; apenas permita que ela compartilhe sua própria história. Se ela es-

Não existem mães perfeitas

tiver frustrada, permita que desabafe! Conhecer alguém que ouve e se importa faz uma enorme diferença.

Aqui está mais uma sugestão: se você tem dois filhos de idades próximas um do outro e um deles recebe um convite para jogar na casa de um amigo, ir a uma festa de aniversário etc., não diga ao outro filho que ele também pode ir junto. Recentemente ouvi sobre uma mãe que deixou seu filho de quatro anos de idade em uma festa de aniversário, e enquanto ela estava saindo, o filho de três anos começou a fazer uma birra enorme porque não podia ficar. Ela, por sua vez, perguntou à mãe dona da casa se o irmão mais novo poderia ficar também. Nem pense nessa possibilidade, mãe! Nossos filhos precisam saber que nem sempre conseguem fazer todas as coisas que seus irmãos fazem e que seus irmãos não conseguem fazer tudo o que eles fazem.

Mães atenciosas normalmente criam filhos que também são amáveis e atenciosos, porque em geral as crianças captam mais do que lhes é ensinado. Quando interagir com outras mães, certifique-se de que trata todas elas da mesma forma, porque alguns pequenos olhos estão vendo!

Seja cheia da graça

Quando estamos lidando com pessoas imperfeitas, o julgamento pode de fato influenciar o nosso coração. Podemos internamente apontar o dedo para alguém em vez de prestar atenção aos três dedos apontando para nós. A graça acontece quando permitimos que a outra pessoa possa ser humana. Ela é encontrada em um ato rápido de perdão da nossa parte quando alguém nos decepciona. Se nós intencionalmente erradicarmos o julgamento de nosso coração, iremos, uma mãe de cada vez, encerrar as guerras entre nós. Não haverá mais guerra entre a dona de casa e a mãe que trabalha fora. Não haverá mais tensão entre mães que amamentam no peito e mães que amamentam pela mamadeira. O amor reinará, a graça vai prevalecer, e poderemos aprender a incentivar uma à outra, mesmo quando as nossas escolhas na vida pessoal forem diferentes.

Fale com Deus

Deus não nos pede que façamos algo de que não sejamos capazes. Jesus viveu com seus amigos, citados na Bíblia como os "discípulos." Ele também tinha seus amigos Maria, Marta e Lázaro. Ele gastou tempo com eles, desafiou-os, encorajou-os, comeu com eles, riu com eles e frustrou-se com eles. Na verdade, os amigos de Jesus o decepcionaram no jardim do Getsêmani. Ele lhes pediu que orassem com elequando estava lidando com as fortes emoções de enfrentar uma humilhante morte na cruz. Seus amigos lhe disseram que iriam orar, mas, em vez disso, adormeceram (você pode ler a história em Mateus 26.36-45). Você imagina a decepção que Jesus deve ter sentido naquela hora? Todas as dificuldades que você enfrenta em suas amizades podem ser compartilhadas com Jesus, porque ele experimentou isso também! Temos um amigo que entende!

ACEITE SUAS BELAS E IMPERFEITAS AMIGAS

Alguma vez você pensou sobre como a sua vida teria sido sem alguma de suas amigas? Mesmo que este seja um tempo "escasso" de amizades, você pode identificar algumas mulheres que influenciaram sua vida e a encorajaram de alguma maneira? Tire um minuto e escreva a uma amiga uma mensagem de agradecimento. Diga a ela o que você aprecia em sua vida e liste as coisas boas que recebeu por meio dela.

Não há amigas perfeitas. Há apenas mães como você, tentando fazer o seu melhor e procurando descobrir que há mais alegria ao viver a vida junto de outras pessoas.

CAPÍTULO 7

NÃO EXISTEM DIAS *perfeitos*

No dia em que comecei a escrever este capítulo, meu filho de 15 anos havia passado a noite na casa de um amigo. Meu marido foi acampar com os amigos, e meu filho mais velho estava trabalhando, então eu estava curtindo uma manhã de sábado em casa, sozinha.

Havia várias pessoas nas casas próximas à minha vendendo itens variados em suas garagens (*garage sale*), então chamei minha amiga e companheira de caminhadas, Crystal, e perguntei se ela queria fazer uma caminhada comigo e, ao mesmo tempo, ver se haveria algo interessante para comprarmos ao longo do caminho. Eu havia acabado de iniciar a caminhada, quando meu telefone tocou. Era meu filho de 15 anos dizendo: "Mãe, nós levantamos cedo esta manhã e fomos jogar futebol, mas já estou cansado e quero voltar para casa. Você pode vir me buscar?" Quando lhe perguntei onde estava, respondeu que estava andando em um bairro do outro lado da cidade. Não era apenas virar a esquina como eu imaginava, já que assim poderia dar uma pausa na atividade que estava fazendo, correr logo ali para pegá-lo e então retomar à minha programação. Uma vez que eu era a única *mãe de plantão*, não tinha escolha a não ser deixar meus planos de lado e fazer o que precisava ser feito.

Ah, a alegria da maternidade! Não há dias perfeitos.

Gosto de dizer que a maternidade é o ministério da disponibilidade. Você também poderia dizer que é o ministério das interrupções! Vamos falar a verdade: A vida com filhos é imprevisível. Nossa propensão a viver "sob constante vigilância" nos confronta facilmente em nossos "planos perfeitos."

Na verdade, quando chamei minha amiga Crystal para caminhar e comprar umas coisinhas comigo, ela estava na loja com seu filho de quatro anos (apenas um de seus seis filhos!). Ela, então, disse que iria se juntar a mim quando chegasse em casa. Uma hora depois, ligou-me e falou: "Está demorando mais tempo do que eu previa. Já levei meu filhinho ao banheiro diversas vezes, e as necessidades dele têm prioridade sobre as compras de supermercado que preciso fazer antes de encontrar você. Creio que não conseguirei resolver tudo isso antes das vendas de *garage sale* encerrarem." Então os planos perfeitos dela foram todos deixados de lado também!

> *Maternidade é o ministério da disponibilidade.*

A vida com os filhos requer ajustes importantes em nossas expectativas, que as tornem mais realistas. Temos que aprender a esperar pelo inesperado, encontrar flexibilidade e aumentar a margem de segurança em nossos planos pessoais. Em vez de ficarmos frustradas, vamos parar de esperar por uma fantasia e, em seu lugar, aceitar a realidade.

ESPERE PELO INESPERADO

Depois que os planos para o sábado foram frustrados, voltei para casa e fui trabalhar neste capítulo. Com nada mais agendado no meu tradicionalmente ocupado calendário para aquele dia, eu havia reservado o restante do dia para escrever. Já estava escrevendo havia uma hora quando meu filho se jogou no sofá, irritado. Ele seria o responsável pela equipe de louvor na igreja no dia seguinte, e estava, até então, na sala de estar tocando violão e piano alternadamente, tentando selecionar quais músicas iríamos cantar. Toda vez que ele tem a responsabilidade de liderar algo, uma grande ansiedade toma conta dele. Nosso ministro de música da igreja viu o potencial para liderança na vida de Austin e foi orientando-o para ser um líder de louvor. Ocasionalmente, ele lhe dava oportunidades para ser o ministro de louvor no domingo pela manhã. Que grande oportunidade de aprendizado foi esta, mas, quanto sangue, suor e lágrimas foram produzidos.

No entanto, eu já havia passado por isso antes. Sabia que o planejamento do culto e da música juntamente com as transições entre canções poderiam causar grande estresse em meu menino-homem. Então deixei de lado meu computador e me juntei a ele no sofá, ajudando-o, por cerca de meia hora, a se sentir confiante em seu ministério. Ajudar um filho a lidar com as emoções não estava na minha lista de afazeres para aquele dia. Situações como essas nunca estão. No entanto, eu sabia que esse problema poderia aparecer em algum momento antes do domingo. Eu não tinha como ter planejado isso com exatidão, mas poderia ter antecipado a sua ocorrência.

Isso é o que me parece ser "esperar o inesperado." É antecipar que seu recém-nascido irá encher não só a fralda, mas também sua manta, no exato momento em que você está andando em direção ao carro para ir à igreja junto com toda a família. É esperar e se preparar quando o seu filho de dois anos de idade cai e arranha o joelho, enquanto você está fazendo o jantar. É esperar que sua filha de cinco anos de idade faça vinte e cinco perguntas quando você tem a paciência para responder apenas duas. É saber que a sua filha adolescente vai ligar dizendo que deseja passar a noite na casa de sua amiga, mesmo depois de haver estado lá durante toda a tarde. É esperar que o seu adolescente necessite de alguma conversa séria sobre amor, confiança, olho no olho, quando uma decisão ou situação repentina se torna inevitável.

As pessoas precisam de tempo. Cuidar demanda tempo. Conversas exigem tempo. Esses são os elementos reais, mas muitas vezes são os imprevistos da vida real. Interrupções na vida verdadeira fazem parte da maternidade. Não pode ser de outro jeito. É o que é. Por que então as interrupções nos tiram do sério com tanta facilidade?

Tudo se resume a controle. Não há absolutamente maneira alguma de controlar a vida real – o que não soa bem para a maioria de nós. Queremos estar sempre no controle. Queremos que a vida aconteça do jeito que imaginamos. Fazemos um plano e, erroneamente, esperamos que ele se concretize. Quando não acontece da maneira como planejamos, ficamos com raiva, frustradas e lutamos para manter a ilusão de controlar.

Em seu livro *Let. It. Go.: How to Stop Running the Show and Start Walking in Faith* (Deixa ir: Como parar de dar show e começar a andar pela fé), Karen Ehman fala sobre dias imperfeitos.

Nossos melhores planos nem sempre se concretizam. Semanalmente, se não diariamente, nos deparamos com atrasos, interrupções, questões que nos desviam e outros inconvenientes variados. Eles podem vir por meio de um telefonema, de um e--mail ou de uma batida na porta.

Alguém tem uma crise. E, então, somos chamadas. E agora? Bem, a crise de alguém repentinamente é, agora, sua também.

Ou você é jogada em uma crise que acontece de última hora na forma de uma criança doente, de uma vizinha magoada que precisa de cuidados e de alguém que apenas a ouça. Ou a máquina de lavar decide parar de repente, enviando você de volta para o velho e bom tanque de lavar roupas. Portanto, você deve fazer uma pausa. Reorganizar. Ou mesmo sair da sua agenda completamente lotada. Sim senhora. Essa viagem não planejada a deixa estressada.

Não existem dias perfeitos

Nem sempre é uma grande interrupção no seu dia que faz você ficar chateada. Os soluços menores podem ser também bastante desanimadores. Uma criança tem uma dificuldade que nos leva para longe de um problema maior que estamos enfrentando. Um suco ou uma sopa que se derrama acaba exigindo sua atenção. Um membro da família que está em um andar diferente da casa precisa da "mamãe" (não, papai não vai fazer), e a desvia, ameaçando a progressão de seus projetos.

Se, por acaso, seus melhores planos forem interrompidos ou descarrilarem, como você responde? O que vamos escolher diante de conjunturas tão delicadas para exercer o controle útil e necessário – inclusive o da nossa língua? Ou vamos deixar a coisa sair do controle, afastando entes queridos do caminho?[1]

O controle é realmente uma ilusão. O único controle que podemos realmente ter é o autocontrole, e a Bíblia diz que ele é fruto do Espírito. Em outras palavras, não podemos ter autocontrole por nossas próprias forças; ele vem de deixarmos Deus ser o verdadeiro líder de nossa vida e o gerente de nosso coração.

Como Karen nos recorda, podemos até planejar, mas quando nossos planos dão errado, precisamos de autocontrole para manter nossas línguas controladas. Podemos definir metas, mas quando algo bloqueia nossos objetivos, precisamos de autocontrole para manter a raiva sob nosso domínio. Podemos pensar em todos os detalhes de um projeto, mas quando algo não acontece conforme o planejado, precisamos de autocontrole para lidar com as mudanças de rumo que se tornam necessárias.

O controle é realmente uma ilusão.

Mais importante ainda, precisamos de uma nova perspectiva para nos impedir de reagir mal quando os nossos planos são frustrados. Pre-

---

1 *Let. It. Go.: How to Stop Running the Show and Start Walking in Faith* (Deixa ir: Como parar de dar show e começar a andar pela fé(, (Grand Rapids: Zondervan, 2012), 136-137.

cisamos da perspectiva de que o momento em que estamos é tão importante quanto o momento que estava previsto, e que não aconteceu do jeito que imaginávamos. Pense nisso por um instante. Anote ou escreva para memorizar, se puder. Precisamos aceitar "o que é" em vez de "o que poderia ter sido." Isso é bastante valioso, pois se pudéssemos saber que o momento em que estamos é tão importante como o momento que havíamos planejado, poderíamos mudar completamente a maneira como interagimos com a nossa família.

Quando não valorizamos o momento em que estamos, tanto quanto o que planejamos, perdemos um tempo precioso com aqueles que amamos. Às vezes vamos fazer mais do que perder um tempo precioso que poderíamos aproveitar com eles, vamos arruinar uma oportunidade inesperada dada a nós.

Em um desses dias, quando meu filho Evan tinha 15 anos, eu e ele fizemos uma viagem de três horas para passar o dia com os meus pais. Como Evan tinha uma permissão especial para dirigir, apesar de ainda ter menos de 18 anos, ele me pediu para dirigir na viagem de volta para casa. Fiquei feliz por permitir. A cerca de quarenta e cinco minutos de casa, o carro começou a falhar e apagou completamente, ficando do lado da estrada. Comecei a sondar para descobrir que tipo de problema era aquele e logo percebi que o carro simplesmente ficara sem gasolina. Evan ficou boquiaberto. Ele não podia acreditar que não tinha prestado atenção ao nível de gasolina no tanque enquanto dirigia. De imediato uma batalha começou na minha mente entre ficar irritada com a situação em que ele havia nos colocado ou, em contraposição, lhe dar graça porque, afinal de contas, todos nós cometemos erros.

Na rua, do lado de fora do carro, fazia um frio congelante, e não havia uma saída para a crise à vista. Mesmo se ligássemos para um reboque levaria cerca de uma hora até a ajuda chegar. A batalha continuou em minha mente até que enfim resolvi que a minha raiva não seria boa e não ajudaria em nada. Assim, escolhi prosseguir com amor e graça.

E então tive a hora mais preciosa com meu filho de 15 anos de idade. Nós conversamos. Rimos. Falamos um pouco mais. O momento em que nós estávamos ali não havia sido planejado por mim. Na verdade, nós estávamos em apuros. No entanto, como olhei esse tempo especial sob outra perspectiva, esse momento espontâneo se transformou em uma bela oportunidade para nos conectarmos mais profundamente. É uma das minhas recordações mais preciosas de tempo gasto com o meu filho durante a sua adolescência.

Quando esperamos o inesperado, preparamos o nosso coração para lidar com o que vem ao nosso encontro. Se nosso coração é compassivo e flexível, provavelmente vamos responder com amor, e não com frustração.

ENCONTRAR FLEXIBILIDADE

Por que é que nós acreditamos que a nossa forma de planejar as coisas é a melhor, ou mesmo a única maneira? Digamos que é sábado à tarde. Você alimentou seus filhos e está se preparando para colocar sua filha de dois anos para tirar uma soneca. A rotina da habitual soneca é: terminar o almoço, ler dois livros e depois colocá-la no berço para dormir. Mas hoje ela quer ver as borboletas lá fora. Por que não ser flexível? Que tal cinco minutinhos de borboletas e, em seguida, cinco minutos de leitura?

Ou você está pensando em sair e ter uma noite especial jantando fora com o seu marido, mas ele chega em casa com uma enorme dor de cabeça. Ele pergunta se os planos podem ser alterados para que vocês fiquem em casa e assistam a um filme juntos. Será que uma noite dessas em casa, vendo um filme com o seu marido, não pode ser tão especial quanto um jantar fora?

É uma tarde de terça-feira. Você pretende levar sua filha adolescente para um lanche à noite. Enquanto está preparando o jantar, ela fala sobre suas lutas com uma amizade na escola. Não é o melhor momento para uma discussão. Seria melhor esperar até que vocês duas estivessem

Não existem mães perfeitas

sozinhas fora de casa, mais tarde. Mas adolescentes são seres emocionais; você não pode "agendar" conversas importantes. Então, por que não agora? Por que você não pode apertar o botão de pausa na preparação do jantar para cuidar do coração da sua filha?

Sim, há o lado prático de cada um desses cenários. Sua filha de dois anos de idade não gosta muito de rotina, e você não quer estragar tudo. No entanto, uma pequena mudança na rotina realmente vai jogar tudo que foi feito com ela até agora pela janela? Não poder sair para jantar em uma data especial muda a dinâmica do planejamento que havia feito para um tempo juntos, mas você ainda pode estar junto dele, não pode? E sim, geralmente há outras pessoas na casa que estão com fome e à espera do jantar. Mas, e se for parte do DNA da sua família que as pessoas sempre tenham prioridade sobre as tarefas? Será que os outros entenderiam?

A maioria de nós não cresceu em um ambiente com muita flexibilidade e sensibilidade para com os outros. Não temos qualquer modelo em nossa memória para esse tipo de mentalidade, a menos que olhemos para a vida de Jesus Cristo. Quando Jesus viveu nesta terra, ele deu o exemplo de como devemos viver o "ministério da interrupção."

Em meu livro *Real Moms... Real Jesus* (Mães reais... Jesus real), procuro apontar para as experiências humanas de Jesus. Muitas de suas experiências com as pessoas são como a nossa experiência como mães, e lidar com interrupções era parte disso. Certa ocasião, Jesus estava a caminho da Judeia para a Galileia. A viagem o levou através de uma cidade chamada Samaria, onde conheceu a mulher no poço de Jacó, quando ali parou em busca de água e descanso dessa viagem exaustiva. Jesus estava indo para a Galileia com um propósito em mente, mas sua viagem foi interrompida por essa inesperada interação com uma mulher samaritana. A narrativa diz que Jesus estava desgastado da viagem, mas ainda assim aproveitou a oportunidade e iniciou uma conversa de mudança de vida com essa mulher.

Não existem dias perfeitos

Há outra história na Bíblia sobre uma ocasião em que Jesus foi por Jericó a caminho de Jerusalém. Havia um coletor de impostos chamado Zaqueu que queria tanto ver Jesus que subiu em uma árvore para ter uma melhor visão dele. Jesus viu Zaqueu e disse-lhe que precisavam passar algum tempo juntos. Cristo tinha um plano em andamento, mas quando a oportunidade surgiu, ele refez o roteiro.

Ministério para Jesus era a pessoa de pé à sua frente, independentemente de saber se a interação foi planejada ou espontânea. Nós podemos aprender com os exemplos de Jesus. Ministério para nós também deve ser a pessoa que está na nossa frente, mesmo quando não estávamos esperando que as coisas acontecessem do jeito que aconteceram.

Minha flexibilidade aumentou mais quando aprendi a deixar Deus guiar a minha vida. Na verdade, aprendi a ver muitos desses momentos não planejados não mais como interrupções, mas sim como compromissos dados por Deus. Eles são momentos que não planejei, mas Deus sim.

No meu segundo dia escrevendo este capítulo, eu tinha planos para o almoço após o culto na igreja, mas meu marido, que tinha ido acampar com uns amigos a cerca de vinte quilômetros de nossa casa, pediu-me para que o encontrasse no acampamento para almoçarmos todos juntos. Meus dois adolescentes já haviam perguntado se poderiam ir para a casa de um amigo. Não era meu plano ir para o acampamento; na verdade, não estava nem mesmo no meu radar, e, além disso, eu não estava vestida apropriadamente para tal. No entanto, depois de mudar meus planos e me juntar a ele para o almoço no acampamento, pude ver por que isso era o plano de Deus. Eu fui capaz de "entrar em seu mundo" pelo menos por um pouco de tempo, o que permitiu nos conectarmos de uma maneira muito importante para ele. Fui capaz de me encontrar com seu amigo que ainda estava no acampamento. Nós três nos juntamos para o almoço e tivemos uma conversa bastante descontraída e agradável. Meu marido, depois disso, me agradeceu por mudar meus planos e ter ido encontrá-lo no acampamento.

Quando se trata de ajustar ou mudar seus planos, quão flexível você é? Confesso que gostaria de poder dizer que sou uma pessoa caracterizada pela flexibilidade. Sou mais descontraída do que costumava ser, mas ainda estou trabalhando duro sobre isso na minha própria vida. Algumas pessoas têm mais facilidade de lidar com esse tipo de situação do que outras. Uma mãe criativa e espontânea consegue ser flexível muito mais facilmente do que o tipo de mãe que gosta de seus filhos sempre como patos, andando em fila. Independentemente da sua personalidade, no entanto, a capacidade de ser flexível tem uma correlação direta com o número de atividades que são amontoadas em seu dia. O quanto pode uma mãe realmente fazer?

AJUSTANDO AS PRIORIDADES EM SUA AGENDA

Conheci o blog de Rachel – www.handsfreemama.com – em uma tarde e soube imediatamente que seríamos almas gêmeas. Ela é conhecida como a "mãe mãos livres." Ela é uma mãe que aprendeu a assumir e modelar um espaço em sua agenda para que pudesse amar os seus na vida real. Logo a seguir – neste trecho do meu blog fiz uma entrevista com Rachel –, você pode ver como ela criou intencionalmente um espaço para que a vida real pudesse acontecer em sua casa.

O que lançou a sua jornada "mãos livres"?
Há quase dois anos, experimentei o que chamo de "incapacidade de avançar." Pela primeira vez, eu sinceramente respondi de forma positiva a uma questão que enfrentava todos os dias: "Como você consegue fazer isso tudo?"

Dolorosamente admiti que eu era capaz de "fazer tudo", porque ao mesmo tempo perdia momentos preciosos, partes importantes que iriam um dia compor a minha memória de

Não existem dias perfeitos

vida, deixando de me conectar a outras pessoas como deveria. Com clareza, vi o dano que uma enorme lista de tarefas, um telefone constantemente tocando e uma agenda lotada estavam produzindo em meus relacionamentos, na minha saúde e na minha vida.

Uma vez que reconheci que viver tão atarefada e distraída não era realmente viver em plenitude, jurei que iria mudar. Comecei a dar pequenos passos para deixar de me distrair, criando, de propósito, momentos durante o dia especialmente destinados para estar totalmente presente com as pessoas que amo.

Onde você vê as mães lutando com a distração?
Existem dois tipos de distração na sociedade de hoje que impedem muitas mães de aproveitar "os momentos que realmente importam." Um tipo é a *distração externa*, que inclui tecnologia, dispositivos eletrônicos, agendas cheias e listas excessivas de afazeres. O outro tipo é a *distração interna*, que inclui uma certa pressão para ser perfeita, comparação com outras pessoas, sentimentos de culpa, vergonha e inadequação, apenas para nomear alguns.

O que você tem "reduzido" desde então, pensando que iria perder, mas que realmente não fez falta?
Comecei minha jornada "mãos livres" deixando algumas das pequenas distrações imediatas, e, aos poucos, fui abandonando as atividades de maior dimensão e compromissos que sabotavam o meu tempo, foco, energia e alegria. Criei uma declaração de missão para minha vida, me perguntando: Quais são as coisas mais importantes que devo fazer em minha vida? A partir de uma curta lista de "coisas a fazer" que criei, fui capaz de decidir melhor a quais atividades e compromissos eu diria SIM e a quais eu simplesmente iria declinar.

Nos últimos dois anos, tenho reduzido drasticamente minha lista de compromissos extracurriculares e atividades sociais. Também tenho diminuído de propósito o meu círculo de amigos para que ele seja focado em um pequeno núcleo de mulheres que compartilham valores semelhantes aos meus e que busquem uma vida de autenticidade. Agora posso dizer de forma honesta que todas as vezes que digo sim é para algo em que eu possa sinceramente encontrar valor ou pelo qual me sinta apaixonada. Não me sinto mais ressentida ou esgotada por ter "um prato muito cheio."

O que você ganhou na sua jornada "mãos livres"?
Eu ganhei incontáveis "momentos que de fato importam", momentos esses que com certeza teriam sido tragicamente perdidos se eu seguisse vivendo de uma forma irresponsável. Nesses momentos preciosos, ganhei a capacidade de conhecer os meus filhos e o meu marido. Conheço todas as coisas boas e preciosas de cada um deles porque passamos tempo juntos conversando e interagindo. Consequentemente, eu tenho me aceitado cada vez mais e estou me conhecendo melhor de uma maneira mais profunda. Conheço meus defeitos e minhas fraquezas, mas também conheço meus pontos fortes e meus dons.

Como você incentivaria uma mãe a começar a sua própria jornada "mãos livres"?
Minha jornada começou quando deixei de fazer algumas das pequenas coisas que me distraíam para começar a abraçar o meu filho no sofá. Esse primeiro passo pode ser dado de maneira simples, como desligando o seu smartphone, se afastando das roupas e dos pratos que precisam ser lavados, desligando o computador ou enfiando a lista de tarefas em uma gaveta. Basta deixar as suas distrações e mergulhar no que (ou quem) realmente importa para você.

Não existem dias perfeitos

Observe a respiração de sua filha, ouça as palavras do seu marido, fixe os olhos no rosto do seu bebê. Dentro desses belos momentos de conexão, o tempo ainda tem uma maneira de ficar em espera; o que é insignificante desaparece. Se você deixar de se distrair por dez minutos ou duas horas, vai sentir uma enorme sensação de paz e conexão que não consegue encontrar quando está distraída, sem perceber as bênçãos das pessoas à sua volta. Imediatamente, você vai ansiar por experimentar essa conexão significativa de novo até que ela se torne uma prática em sua vida.

Uma vez que consegue ver o que tem perdido, você não quer voltar para o jeito que era antes. Ao viver o modelo "mãos livres", seus olhos serão abertos para o que realmente importa, e uma vida significativa estará ao seu alcance.[1]

Rachel aprendeu sobre algo chamado "limite." Ela experimentou o que acontece quando uma mulher funciona como uma mãe com muitas distrações. Agora ela está buscando uma vida com o mínimo de distrações.

Alguma vez você já pensou na importância do espaço em branco entre os textos dentro da página de um livro? Por causa do espaço em branco entre as linhas, você é capaz de ler as palavras pretas. Por causa das margens superiores, inferiores e laterais, as palavras são formatadas para uma leitura mais fácil. Nós, muitas vezes, não pensamos sobre as margens, mas se elas desaparecessem e todas as palavras ficassem misturadas em uma página, logo notaríamos a sua ausência.

Depois de ler o livro *Margin* (Margem), do Dr. Richard Swenson (NavPress), aprendi que a margem é importante não apenas em jornais, boletins escolares e livros. Nossa vida precisa de margem para encontrar o equilíbrio que todos almejamos. Quer percebamos ou não, nosso cor-

---

1 A autora entrevista Rachel Macy Stafford, "Meet the 'Hands-Free Mamma'," (Encontre as 'mães mãos livres'), blog de Jill Savage, 8 de maio de 2012, www.jillsavage.org.

Não existem mães perfeitas

po, nossas relações e até mesmo as nossas finanças precisam de espaço em branco para funcionar melhor. Muito importante para uma mãe imperfeita vivendo seus dias imperfeitos, a margem é essencial para lidar com as voltas e reviravoltas da vida familiar cotidiana.

O que a margem significa para a vida real? A margem está tendo o ritmo e o espaço no seu dia para permitir que a vida real aconteça. Muitas de nós corremos em um ritmo que não é fisicamente saudável, mas que também danifica relacionamentos. Vamos em frente, dizendo a nós mesmas que não existem horas suficientes no dia, enquanto que realmente precisamos estar preparadas para abrandar e desfrutar da jornada da mesma forma como prevemos desfrutar do destino quando chegarmos.

Quando exigimos muito de nossos horários na agenda ou quando exigimos muito dos nossos filhos, não estamos deixando espaço em branco suficiente para o fluxo das experiências humanas. Planos mudam, as emoções se alteram, as crianças choram, a cabeça dói, as chaves se perdem, as receitas falham, conversas se iniciam e o tempo acontece. Isso é a vida real. A fim de esperar o inesperado e de mantermos flexibilidade, temos de ter tempo suficiente em nossas agendas para antecipar o que provavelmente vai acontecer.

Estou trabalhando sobre isso em minha própria vida quando se trata de ser pontual. Nunca fui muito de observar o relógio. Mesmo que isso não importe quando sou a única pessoa afetada por meu atraso, isso importa quando os outros são afetados por ele. Então, estou prestando atenção à margem realista da qual preciso para sair de casa em direção aos meus compromissos. Percebi que sempre subestimei o tempo necessário para realizar as tarefas que eu precisava fazer antes de sair pela porta. Quando os filhos eram pequenos, me lembro de quando estava caminhando para a porta e ainda não tinha preparado a bolsa de fraldas. Mesmo agora, como uma mãe de adolescentes, sempre me preparo para sair sem me lembrar de uma permissão que eu precisava assinar ou um cheque que eu tinha de enviar para a escola por um dos meus filhos. Inva-

Não existem dias perfeitos

riavelmente, pego as minhas chaves e a minha bolsa para sair sem lembrar que eu estava inicialmente indo para a cozinha colocar um frango para assar no forno, para o jantar. Quer se trate de perder meu tempo ou do que preciso para realizar dentro desse tempo, não ter margem suficiente apenas coloca uma pressão desnecessária sobre mim e minha família.

Então, como podemos aumentar a margem e diminuir distrações para lidarmos mais adequadamente com nossos dias imperfeitos? Podemos escolher implementar alguns desses "lembretes de margem" para aumentar o espaço em branco em nossas vidas:

Experiência confiável

Todas nós temos a tendência de pensar de maneira irreal. Estamos sempre dizendo a nós mesmas: "Não levo mais do que dez minutos para dirigir até a igreja. Já que o culto começa às dez horas, vamos sair às 9h45. Isso nos dará cinco minutos de sobra." A experiência diz, no entanto, que das últimas dez vezes em que saiu às 9h45, você chegou atrasada em nove, porque não esperava o inesperado. Não importa como você tente racionalizar suas conclusões em sua mente, a experiência ganha de longe da sua lógica interna. Ajuste o seu tempo para sair com base em sua experiência real.

Estabeleça os limites

Limites são saudáveis para nós e para os nossos filhos. Não há problema em definir limites para si mesma, tais como: "Não vou sair mais que uma noite por semana para as atividades voluntárias da igreja." Também é bom estabelecer limites para o que seus filhos gostam de fazer: "Não vamos sobrepor atividades esportivas. Você terá que escolher a que mais gosta." Tenho um compromisso pessoal de não fazer festas em minha casa nem comparecer a festas na casa de alguém. Sei que algumas pessoas adoram. Pessoalmente, não tenho tempo nem dinheiro, então simplesmente não faço isso e pronto. Esse limite também me ajuda a manter a margem, pois passei a dar-me conta do número de convites que recebo todos os meses para ir a festas.

Diga não

Não há outra maneira de manter o saudável espaço em branco em nossa vida a menos que aprendamos a dizer não. Não podemos fazer tudo. Não podemos agradar a todos. Até mesmo Jesus sabia quando era hora de dizer não e parar de ensinar ou de curar, porque ficava cansado. Aprendi a nunca dizer sim no momento em que recebo um convite. Levo vinte e quatro horas para pensar, orar e falar com meu marido antes de dizer sim. Também aprendi que há maneiras graciosas e educadas para se dizer não. Tente algo como: "Obrigado por pensar em mim. Mas infelizmente não vou ser capaz de ajudar desta vez." Geralmente, não é necessária nenhuma outra explicação.

Aumente o tempo

Quando as crianças estão envolvidas, cada atividade levará mais tempo do que você é capaz de antecipar. Aumente o tempo que reservou para fazer o jantar, já que você será interrompida várias vezes. Aumente o tempo que reservou para ir ao supermercado; os pequenos terão de ir ao banheiro, provavelmente mais do que uma vez. Amplie o tempo que você acha que levará para completar um projeto; as coisas nunca saem como planejado, e alguém vai precisar da sua atenção no meio de tudo.

Diminua as atividades

Coloque menos tarefas em seu dia. As necessidades das crianças levam tempo. Relacionamentos precisam de tempo. Conversas levam tempo. Embora nenhuma de nós coloque esses tipos de coisas na lista de tarefas a realizar, eles são uma parte importante do nosso dia. Minha amiga Kelly diz a si mesma para "abrir espaço." Essa é a maneira que ela encontrou para lembrar os requisitos de tempo que são exigidos

Não existem dias perfeitos

pelas relações humanas, abrindo espaço em sua programação diária para respirar.

Precisamos de margem em outras áreas de nossa vida também. Por exemplo, precisamos de margem em nossas finanças. Há mais dias do que dinheiro no mês? Você está devendo até a alma? Vivendo de salário em salário, mas sem conseguir fazer nenhuma reserva? Se sua resposta for "sim" para alguma das situações acima, provavelmente é hora de aumentar a sua margem financeira. Poupar para o futuro. Espere o inesperado e guarde dinheiro para pagar despesas inesperadas quando elas surgirem. Resista ao impulso de gastar cada centavo que tem. Se não há nenhuma margem financeira, isso certamente agravará o Vírus da Imperfeição em sua vida. Quando o carro quebra e não há dinheiro na poupança para consertá-lo, você vai perceber que o seu estresse vai às alturas. Quando seu filho fica doente e precisa de um remédio caro, você vai se achar sobrecarregada com todas essas complicações financeiras. Carros quebram e crianças ficam doentes; isso é realidade. Vamos esperar por essas coisas, planejar pensando nelas e colocar uma margem financeira extra como reserva para lidar com elas, quando inevitavelmente acontecerem.

Também precisamos de margem na energia emocional. Relacionamentos tomam nossa energia. Se estamos emocionalmente esgotadas, corremos o risco de não termos a energia necessária para navegar com sucesso através de um desentendimento conjugal ou de uma difícil questão na criação e na educação de filhos. Quando a margem emocional está presente, aumentamos a compaixão e a empatia e diminuímos a apatia. Descansar, rir e se concentrar em "ser", e não em "fazer", para aumentar a margem emocional, é algo muito necessário. Relacionamentos tomam energia.

Finalmente, a margem física é extremamente importante. Você está respeitando sua necessidade diária de sono? Você está consumindo alimentos saudáveis? Exercitando-se regularmente? Nosso corpo precisa de descanso, boa nutrição e exercício físico regular para funcionar bem. Vá para a cama um pouco mais cedo, reduza a ingestão de açúcar e prefira as escadas a elevador como um esforço para aumentar a margem física. Isso lhe dará o combustível para o seu corpo funcionar no seu melhor.

A consequência de uma vida sem margem é o estresse. A vida com margem descobre a beleza do contentamento, da simplicidade, do equilíbrio e do descanso. Isso foi motivação suficiente para que eu fizesse algumas mudanças no meu estilo de vida que aprofundaram os meus relacionamentos, melhoraram a minha saúde e diminuíram o meu estresse, além de me ajudarem a enfrentar a realidade dos meus dias imperfeitos.

CUIDADO COM A COMPARAÇÃO

É fácil olhar para outras mães e presumir que elas passem dias melhores do que os nossos. Somos demasiadamente duras conosco, porque estamos mais familiarizadas com as nossas fraquezas. Quando criticamos a nós mesmas, podemos facilmente fazer falsas suposições acerca de outras mães e de como elas lidam com suas dificuldades no dia a dia. É por isso que a nossa honestidade é importante para as mães com as quais interagimos.

Molly resumiu isso muito bem em um e-mail que me enviou depois de ler algo em meu blog: "Obrigado por manter o que você escreve e a sua vida expostos de uma maneira tão real. Frequentemente vejo uma fotografia de famílias grandes e felizes e penso: 'Meu Deus, aposto que ela nunca teve que limpar comida agarrada na roupa das crianças, nem teve que fazer suas unhas e o alisamento do seu cabelo em casa.' Incrível como as imagens e fotografias podem parecer perfeitas, mas, em seguida, a realidade é que a vida com suas dificuldades emerge para todos... casas desarrumadas, mães duras, cansadas e inflexíveis, crianças doentes e outras lutas."

Quando nos mantemos no mundo real, podemos ajudar outras mães a aceitarem que são normais. Não apenas isso, mas quando verbalizamos as nossas lutas, lembramos a nós mesmas o que é normal também. A camaradagem é composta de compreensão, a compreensão vem da revelação, e a revelação começa com honestidade. Resista à tentação de comparar e determinar que você está sempre numa posição inferior. Não há mães perfeitas que vivem dias perfeitos, mas há todos os tipos de mães imperfeitas lidando e lutando com o que a vida coloca no caminho, da melhor maneira que podemos!

APLIQUE O ANTÍDOTO

É claro que mudanças nas expectativas é o assunto principal deste capítulo. Quando temos expectativas irreais de como o dia vai ser, determinamos para nós mesmas e nossos maridos e filhos o fracasso como resultado. Não há nada pior para um marido do que estar constantemente desapontando sua esposa, porque ele não consegue alcançar nunca o que ela espera. Não há nada pior para um filho do que ser sempre deixado para baixo pela sua mãe. Se não percebemos que expectativas irreais estão presentes, vamos cada vez mais colocar colunas frágeis na fundação dos mais importantes relacionamentos de nossa vida.

Todos os antídotos relacionados aqui se referem a como lidar com dias imperfeitos de alguma maneira, mas há dois que devemos explorar de uma forma mais profunda aqui. Vamos ajudar nós mesmas e aqueles a quem amamos a lidar com a vida real da melhor maneira possível com estas transições.

Fuja do orgulho e venha para a humildade

O orgulho mantém o que é real oculto para que pareçamos melhores do que realmente somos. O orgulho mantém a nossa máscara no lugar. Ele não nos ajuda, e isso não ajuda outras mães.

O orgulho também exige. Ele controla. Demasiadas vezes o orgulho diz: "Eu tenho isso em minhas mãos. Agora, não fique no meu caminho." Isso é o que acontece quando orgulhosamente tentamos agir em nosso dia repleto de congestionamento. Se apenas uma pessoa fica em nosso caminho e perturba nossa programação, o orgulho a condena de imediato.

Por outro lado, a humildade está mais preocupada com as pessoas do que com o programa. A humildade se importa. A humildade se curva. Na maioria das vezes a humildade diz: "Bem, esta não era a maneira que eu planejei, mas confio que Deus está no comando, e eu não." A humildade não tem nada para proteger e não tem uma agenda ou uma reputação a zelar furiosamente porque percebe que Deus está no controle e que ele é o único que determina o nosso valor.

Aqui estão três maneiras práticas para transformar o orgulho em humildade ao viver um dia imperfeito:

Preste atenção a quanto você deseja controlar. Reconheça que o controle é realmente algo que tem a ver com orgulho e com falta de confiança. Diga a Deus que você está arrependida e que não confia nele do fundo do coração para ter o seu melhor. Peça a Deus que a ajude a aprender a confiar nos planos dele muito mais do que em seus próprios planos. Agradeça-lhe por seu perdão e graça quando você explodir.

Mantenha o real. Se você está no Facebook, poste um status honesto sobre algo que não saiu do jeito que você planejou. Não subestime. Seja honesta. Em seguida, pergunte se alguém pode se identificar com você nesse momento. Você não só será lembrada de que não está sozinha, mas vai ajudar uma de suas amigas a saber que ela também não está sozinha em suas lutas.

Peça ajuda a Deus. Uma mãe disse que o melhor conselho que sua mãe lhe tinha dado era para se levantar de manhã e entregar o seu dia a Deus. Diga a ele: "Aqui está o que eu planejei. Me ajude a lidar graciosamente com tudo, mesmo que as coisas não aconteçam conforme o planejado por mim."

A transição do julgamento para a graça

Julgamento ataca e culpa quando as coisas não saem como planejado. Graça vê o retrato maior. Ela permite que pessoas sejam vistas como seres humanos e olha para a vida com expectativas reais. O julgamento olha para os outros e chega a conclusões sobre eles, mesmo sem ter a informação completa. Graça olha para os outros e simplesmente vê pessoas quebradas tentando fazer o seu melhor. Julgamento diz que o meu planejamento, o meu caminho e os meus esforços são os melhores. Graça diz que o meu plano, o meu caminho e os meus esforços são apenas uma opção para realizar algum objetivo.

Aqui estão duas estratégias que você pode usar para se desvencilhar do julgamento e buscar agir com graça:

Seja honesta com você mesma. É muito mais fácil ver falhas na vida de outras pessoas do que vê-las em nosso próprio coração. Quando julgamos, construímos uma parede entre nós e alguma outra pessoa, e somos as únicas que colocam esses tijolos! Deus nos diz que é o seu trabalho julgar, e não o nosso. Cuidado quando você olha, inconscientemente, para os outros e julga a vida, as ações ou as intenções deles sem que nem mesmo eles saibam. Isso vai ajudá-la a sair da armadilha de comparar o seu interior com o exterior de outros e de achar-se alguém "menos que."

Pense sobre essas questões a seguir e as responda honestamente:
- E se eu ocasionalmente resistir ao impulso de planejar e em vez disso passar a gostar de tudo o que acontecer?
- E se eu parar de olhar para o futuro e aprender a viver apenas o presente?

- E se eu viver em conformidade com os meus valores, mas resistir à tentação de medir a vida dos outros segundo os meus padrões e expectativas?
- E se eu parar de tentar controlar os outros e em vez disso focar em ser gentil com eles?
- E se eu aprender a aceitar o mundo como ele é, em vez de ficar frustrada, chateada, irritada ou tentar mudar tudo conforme o meu desejo?
- E se eu nunca ficar decepcionada com a forma como as coisas acontecem, porque nunca esperei muito de algo?
- E se eu puder simplesmente aceitar o que acontece?

ACEITE O SEU BELO E IMPERFEITO DIA

Você já teve algum compromisso marcado por Deus hoje? Você pode buscar momentos em que tenha a oportunidade de aceitar favoravelmente "o que é" e deixar partir "o que não é"? Peça a Deus que lhe dê um coração alegre que aprecia o que quer que você esteja enfrentando naquele momento, mesmo se não for algo que você planejou.

Não há dias perfeitos. Há preciosos momentos que nos são oferecidos para que pratiquemos o ministério da disponibilidade.

CAPÍTULO 8

NÃO EXISTEM LARES *perfeitos*

Durante a conferência de Hearts at Home de 2007, comecei minha palestra principal mostrando a todos um vídeo da minha casa. Fizemos o vídeo em um dia "normal" na casa dos Savage. De propósito, eu não arrumei a casa nem limpei as coisas. Levei o público a conhecer a casa a partir da porta lateral que dá para a cozinha e fiz questão de abrir a porta da geladeira para que a desorganização da mesma fosse contemplada por todas. Havia pilhas de papéis sobre a minha mesa e roupas dobradas cobrindo a cama. Essa pequena exposição de três minutos foi tão poderosa que acredito que eu poderia ter saído do palco e não ter dito mais nada, e a mensagem teria sido profundamente eficaz. De fato, recentemente uma mãe assistiu a esse vídeo postado no meu blog e deixou o seguinte comentário: "Eu estou me comprometendo a fazer as pazes pela forma como a nossa casa de fato é, e será, com nós cinco que vivemos nela." Eu amo a escolha de suas palavras: fazer as pazes. Estamos em uma jornada para fazer as pazes com a vida real, não estamos?

Não existem mães perfeitas

Nós todas assistimos a programas de televisão ou filmes e vemos páginas de revistas e, consciente e inconscientemente, comparamos a nossa vida com a desses ambientes de fotos perfeitas que repassamos com *Estamos em uma jornada para fazer as pazes com a vida real.* frequência em nossa cabeça. Crianças fazem bagunça, e é hora de entender que confusão faz parte do ambiente. Claro, algumas mães têm mais habilidades organizacionais do que outras, mas a verdade é que todas nós precisamos de uma imagem mais correta e ao mesmo tempo real em nossa mente, mostrando que uma casa "normal", com as crianças, será semelhante ao que a nossa casa é de fato.

Claro que cada fase da maternidade é única. Crianças bagunçam a casa com diferentes tipos de brinquedos e outras "coisas" dependendo da idade. Nos anos da infância, a bagunça de um garoto é composta de brinquedos coloridos, algumas vezes brilhantes, de todas as formas e tamanhos. Nos primeiros anos da escola, é uma bagunça cheia de quebra-cabeças simples, bonecos e brinquedos interativos que ensinam formas, números e cores. Se há uma palavra para descrever os anos iniciais do ensino fundamental é "peças." Há centenas de peças: peças de quebra-cabeças, peças de Lego, sapatos, bonecas da Barbie e dezenas de outras peças criativas a que você precisa estar atenta para quando andar descalça no escuro! Então, você entra na fase final desse módulo com a pré-adolescência e a adolescência: material esportivo, livros de música, revistas, meias, sacos vazios de batata frita, celulares, fones de ouvido e outras "coisas" que você está sempre lhes pedindo que peguem e coloquem no lugar.

Vamos dar um passeio pela "casa média" para obter uma imagem do que a vida real parece. Ao fazermos um "tour" por nossa casa, vamos estabelecer uma aparência "normal" para cada ambiente, para que, assim, todos nós possamos relaxar e perceber que a nossa casa e nossa família são normais. Também aprenderemos algumas dicas e estratégias que podemos usar para ajudar a gerir a casa imperfeita em que vivemos!

COZINHA

A cozinha é o coração da casa. É onde passamos grande parte do nosso tempo preparando algo para amigos e familiares. É onde temos maravilhosas conversas familiares de improviso. É lá que os alimentos e a comunhão são iniciados e posteriormente compartilhados com a família, amigos e vizinhos – sejam esses encontros planejados ou espontâneos. É também onde todo mundo descarta o que está nas mãos quando circula pela casa!

Cada uma de nós se esforça e luta com os mesmos problemas de desordem na cozinha: utensílios, aparelhos em cima da pia, pratos sujos, sobras de comida, chaves, lembretes de compromissos grudados na porta da geladeira, livros de receitas (e eu criei esta lista, simplesmente dentro da minha cozinha, documentando tudo o que estava bagunçado). Pedi ajuda ao Facebook e às amigas do blog, que no momento estariam trabalhando em suas cozinhas, e mais de uma centena de mães responderam em poucos minutos! Elas adicionaram pratos sujos do jantar da noite anterior, mantimentos que ainda não tinham sido devidamente guardados, lixo que precisava ser jogado fora e copos sujos. Em seguida, houve as respostas realmente honestas de algumas coisas únicas espalhadas na mesa ou na pia da cozinha, como os incontáveis sacos de supermercado, remédios, uma bola de futebol, dois brinquedinhos do bebê (jura???), sapatos e meias sujas e um brinquedo em forma de substância pegajosa não identificado.

Minha resposta favorita, no entanto, foi esta: Uma mãe disse que ela tinha uma centena de louva-a-deus saindo dos ovos em cima do balcão de sua cozinha. Ela falou que seu filho tinha trazido isso lá de fora e colocado no balcão, bem na hora que eles estavam quebrando a casca.

Agora você já se sente melhor sabendo o que realmente acontece dentro da maior parte das cozinhas de mulheres como você? Todas nós lutamos para manter esse cômodo da casa organizado e sob controle. Mas manter a nossa cozinha organizada é como tentar secar água de chuva na calçada enquanto ainda está chovendo! Então, o que é que uma mãe pode fazer?

O primeiro objetivo é mudarmos as nossas expectativas. É improvável que nossas cozinhas se pareçam com alguma dessas que aparecem nas revistas e que jamais veremos em casa! As pessoas reais não vivem como nas fotos das revistas, e até mesmo quando é uma foto de cozinha de uma pessoa real, a imagem é retocada por designers e fotógrafos, não refletindo o que de fato acontece no meio de uma verdadeira vida familiar. O objetivo saudável é a organização feita de forma que você possa encontrar as coisas com alguma facilidade, ter limpeza e espaço suficiente na sua mesa da cozinha para que você possa fazer uma refeição e uma conveniência tal que você possa acessar as coisas que precisa com mais frequência. Querer que a sua cozinha fique com aquela aparência de revista e que seja quase sempre perfeitamente organizada vai transformá-la em uma "mãe monstro", e ninguém gosta de ficar por perto quando uma "mãe monstro" aparece!

Se você luta para manter a cozinha sob controle (não quero dizer perfeita, mas apenas funcional), aqui estão algumas dicas testadas por outras mulheres como você e que são comprovadamente verdadeiras!

Avalie a sua desorganização. Classifique as coisas que estão bagunçando sua pia ou a mesa da cozinha. Normalmente você encontrará uma grande lista de categorias variadas, tais como trabalhos escolares, correspondência, chaves, notas, cupons etc. Crie um espaço adequado para cada categoria de itens, com o objetivo de se organizar melhor. Talvez um pequeno armário onde você possa manter esses itens separados e organizados em caixas identificadas seja tudo de que você necessita.

Adquira o hábito de colocar as coisas em locais apropriados. Leve seu marido e seus filhos para uma visita atenta na cozinha, explicando-lhes onde devem, a partir de então, colocar papéis da escola, correspondência, chaves etc. Treine a si mesma para também colocar as coisas em seus locais apropriados.

Abra as correspondência perto da lixeira. E jogue logo fora envelopes e demais lixos, como encartes de propaganda de supermercado, cupons de descontos vencidos, e coloque as contas e outros artigos que você precisa guardá-los em um local designado para eles.

Limpe a pia e móveis diariamente. Isso ajuda a manter a limpeza e a organização sob controle.

Guarde em local apropriado os aparelhos de cozinha que você não usa periodicamente. Se você não usa a sua torradeira ou liquidificador todos os dias e tem espaço de sobra no armário, guarde tudo fora da sua visão. Isso lhe dará a sensação de ter um ambiente mais limpo e organizado.

A cozinha é o lugar onde a família gosta sempre de estar. Além disso, você sempre tem visitas em casa e não quer que elas vejam a "sua bagunça." Seja realista sobre suas expectativas, mesmo se você decidir criar alguma nova estratégia para manter a sua cozinha limpa e organizada. Lembre-se de que qualquer estratégia organizacional será sempre desafiada pelo material humano que vem da família real.

BANHEIRO

Assim como a cozinha, o banheiro fica com um monte de coisas que não usamos. Durante um tempo, nosso banheiro principal foi compartilhado por nós seis. Era um monte de escovas de dentes, escovas de cabelo, desodorantes e pentes!

Como no caso da cozinha, o banheiro também parece ser um local de desembarque para itens pessoais: creme dental, absorvente, antisséptico bucal, bolas de algodão, cotonetes, fio dental, prendedor de cabelo, e por aí vai. Dependendo da sua fase na maternidade, você pode adicionar nesta lista brinquedos de banho, fraldas, creme para assaduras e toalhas com capuz.

O banheiro ganha muitas utilidades, especialmente quando tem chuveiro e banheira ao mesmo tempo. Ah, enquanto nós gostaríamos que ele fosse perfeito, uma expectativa realista é a de que ele possa ser limpo regularmente e organizado o suficiente para que todos os membros da família encontrem o que precisam.

Aqui estão algumas dicas testadas e verdadeiras para se alcançar uma manutenção organizada do seu banheiro:

Use organizadores menores internamente em gavetas do banheiro para manter todos os artigos variados em um lugar que você possa encontrar.

Se você não tem mais espaço suficiente na gaveta, **use cestas ou vasilhas similares** para organizar coisas pequenas como grampos, presilhas e prendedores de cabelo.

Mantenha materiais de limpeza em cada banheiro apenas para o uso rápido e toalhas úmidas.

Escolha um dia por semana para limpar os banheiros, banheira, chuveiro, pia e piso. Este é um cômodo da casa que você não pode deixar ficar muito tempo sem uma boa limpeza!

Dê a si mesma e à sua família uma graça extra quando se trata do banheiro. Talvez você seja a única que parece saber como colocar papel higiênico no local certo. Seu banheiro mais se parece com o efeito devastador de um tornado após o banho de um dos filhos? Olhe ao redor, sorria e agradeça a Deus por sua família ser tão bagunceira!

QUARTOS

Perguntei às minhas amigas do Facebook o que de mais estranho e grosseiro elas teriam encontrado no quarto de seus filhos. Querida, você simplesmente não acreditaria no que elas disseram. Aqui estão algumas das respostas: Grande quantidade de catarro espalhado na parede; abóboras pequenas já apodrecidas; chicletes e jujubas presos no tapete; o resto de uma maçã numa caixa de brinquedos; bananas podres; ossos de galinha velhos e cheios de formiga no parapeito da janela; sapos mortos; marca de cocô debaixo da cama; coleção de pedaços de unhas; xícara cheia de vermes mortos no peitoril da janela; sujeira de fralda respingada na parede; sobras de comida debaixo da cama; pedaço de bolo duro e envelhecido semelhante a um pedaço de concreto; meias sujas, fedidas e duras; uma tigela suja e ressecada; uma peça quase petrificada de salame debaixo da cama; uma lagarta seca no quarto da filha (porque ela continuou esperando que o bicho se transformasse em uma borboleta); e por aí vai.

Imagino que diante dessa lista tão esdrúxula você esteja agora se sentindo melhor sobre a condição do quarto de seus filhos. Eu nunca encontrei nada tão ruim aqui em casa, mas temos a nossa parcela de más lembranças como cuecas sujas ou molhadas escondidas no fundo da gaveta de um armário e copos embaixo da cama com leite já coalhado de tão velho. Minha amiga Kelly descobriu que sua filha de três anos de idade usou o seu batom para pintar as mãos. A menina, então, colocou as lindas marcas de suas mãos, pintadas de batom, na parede de seu quarto. Quando Kelly descobriu essa "obra de arte" da filha, pensou em repintar a parede para cobrir a bagunça. Em vez disso, decidiu desenhar um co-

Não existem mães perfeitas

ração rosa em torno disso e colocar a data. E isso permaneceu no quarto por alguns anos!

Diferentes mães têm padrões diferentes quando se trata de quartos. Algumas exigem que as camas sejam feitas diariamente, que o quarto tenha algum sentido de organização e as roupas estejam arrumadas. Outras determinam que isso não é algo pelo qual vale a pena morrer e basta fechar a porta. Eu diria que me situo no meio dessas duas possibilidades. Quando lá em casa éramos sete sob o mesmo teto, havia sempre muito lixo para ser coletado, tanto dentro como fora dos quartos!

Acredito que os fundamentos da organização vão sendo aperfeiçoados e multiplicados com o passar dos anos. O que fazemos como mães não é só para a nossa própria sanidade, mas também para o benefício da futura capacidade de limpeza dos nossos filhos! Contudo, às vezes, isso pode ser uma batalha difícil, especialmente porque as crianças crescem e passam a ter mais atividades fora de casa, falta de força de vontade, opinião contrária e personalidades diferentes para enfrentarmos!

Como tenho a vantagem de já ter tido filhos adultos, além de dois adolescentes ainda em casa, deixe-me dizer-lhe que por muitas vezes já tive de confrontar os meus três filhos adultos sobre a condição de seus quartos. Agora, felizmente, eles têm suas próprias casas, e por sinal cuidam delas muito bem. Há esperança! Quando você está frustrada com seus filhos pelas más condições organizacionais e de limpeza de seus quartos, lembre-se de que essa questão é em parte por causa da imaturidade, em parte pela personalidade, pela falta de uma gestão do tempo e, finalmente, porque eles simplesmente não se importam com isso! Ter isso já sedimentado no fundo de nossa mente já nos dá uma perspectiva mais equilibrada e menos emocional de tudo.

Crianças e bagunça são coisas que caminham juntas, de mãos dadas. Suas "coisas" são importantes para elas. É parte de quem são e de quem estão se tornando. Nosso objetivo como mães é ajudá-las a aprender a gerenciar seus itens pessoais de uma forma que defina bons hábitos de vida onde elas estiverem. No entanto, também temos de fazer as pazes com a realidade de que a perfeição não existe. Na verdade, não é saudável para o seu relacionamento com seus filhos que você espere tal coisa.

Você arruma a cama de seus filhos ou não? Essa é uma questão de preferência pessoal. Não há uma resposta certa ou errada. Se você decidir que isso é importante, pode começar a ensiná-los a realizar essa tarefa durante os anos pré-escolares. De fato, há uma maneira divertida de fazer isso! Quando acordarem de manhã, ensine-os a puxar o lençol até seu queixo. Em seguida, puxar o cobertor, edredom ou colcha até o seu queixo. Então, procure fazê-los tentar sair da cama sem bagunçar o que eles acabaram de fazer! Eles geralmente acham isso um desafio divertido. Uma vez fora da cama, mostre-lhes como endireitar cada lado da cama e como colocar o travesseiro em cima da coberta e pronto. Está feito!

Por favor, não corrija a cama que a criança arrumou de modo imperfeito! Elogie-a pelo que fez e deixe-a do jeito que está. Isso lhe dá um sentido de realização. Quando impomos o nosso desejo de perfeição sobre nossos filhos, podemos de alguma forma desencorajá-los até mesmo de tentar, porque eles sentem que nunca conseguirão atingir suas expectativas. Não há nada pior do que os filhos sentirem que nunca são "suficientemente bons" para a sua mãe.

E sobre brinquedos, trabalhos escolares e outros itens do quarto? Estes também têm um lugar apropriado para serem organizados ou guardados? O seu filho sabe onde fica esse lugar? Cestas abertas para brinquedos facilitam a limpeza, principalmente para as crianças. Uma caixa de trabalhos escolares pode ser útil (apenas para papéis especiais e recados, mas não para *todo* papel que a escola manda – convém se certificar de que seus filhos saibam o que podem jogar fora, para além de seus trabalhos escolares!). Uma caixa de sapatos para guardar bugigangas especiais ou algo que não se encaixe em qualquer outra categoria também pode ser útil. Uma vez que a caixa de sapatos esteja cheia, eles têm que tirar algo antes de colocar alguma coisa nova no lugar.

Não existem mães perfeitas

Com que frequência você costuma organizar os itens dos quartos? Mais uma vez, essa é uma preferência pessoal. Algumas de nós são mais incomodadas pela desordem do que outras. Quando os filhos eram ainda pequenos, nós catávamos juntos os brinquedos toda noite. Cantávamos uma canção de limpeza a cada noite enquanto trabalhávamos juntos para colocar todos os brinquedos que estavam espalhados pela casa nos lugares devidos. Agora que meus filhos são adolescentes, nós limpamos os quartos todos os sábados. Eu lhes peço para trocar seus lençóis, tirar a poeira, organizar, arrumar as roupas e passar o aspirador. Ocasionalmente, fazemos isso de quinze em quinze dias. Além disso, eu falo pouco sobre os seus quartos, não importa em que condições eles estejam por dentro. Isso funciona para mim. O importante é encontrar o que funciona para você.

Seu jeito é o jeito certo para você e sua família.

Não se compare a mim, à sua melhor amiga ou a sua vizinha. Realmente avalie o que é importante para você, e, então, conduza a sua família a viver em conformidade com o que acha melhor. Seja confiante de que seu caminho é o certo para você e sua família.

LAVANDERIA

Ah, as alegrias da lavanderia! Ela está sempre na minha lista de coisas a fazer, e aposto que está na sua também! Se a minha família pudesse apenas entender o valor de ficar sem roupa por uns poucos dias! Seria conseguir muito para o meu senso de realização!

A nossa família já viveu em seis casas diferentes ao longo dos anos. Eu já lavei roupa na lavanderia, em uma área de serviço compartilhada de um condomínio de apartamentos, em um cômodo inacabado no porão e em uma área de lavanderia improvisada no corredor do andar de cima da nossa casa atual. Nunca tive uma verdadeira lavanderia com um lugar específico para dobrar roupas, por isso as minhas roupas limpas, após terem sido lavadas, sempre foram dobradas e organizadas na cama, em nosso quarto de casal.

Não existem lares perfeitos

A lavanderia, ao que parece, está sempre espalhada em várias partes da casa. Há os cestos com roupas sujas, há cestos com roupas limpas, mas ainda não passadas, há a pilha com roupas lavadas e passadas que aguardam ser dobradas e há pilhas das roupas já dobradas, que ainda não foram guardadas no lugar devido. Assim, convivemos sempre com a sensação de nunca haver uma lavanderia realmente finalizada em casa!

Quero fazer aqui uma confissão: escrever esta seção só me faz lembrar-me da carga de roupa que coloquei na máquina de lavar ontem, mas que depois me esqueci de colocar no secador! Então, aproveitei para colocar o computador em modo de espera e corri para transferir a carga da máquina de lavar para a máquina de secar! Sim, não há casas perfeitas e não há mães perfeitas!

Você precisa de algumas dicas para gerenciar sua lavanderia melhor? Experimente estes conselhos de outras mães que lidam com os mesmos desafios:

Coloque um alarme na cozinha ou no seu celular quando botar uma carga na máquina de lavar ou no secador. Isso irá lembrá-la quando a lavagem se completar e que você deve transferir a carga da máquina de lavar para a máquina de secar ou até para dobrar as roupas que estão secas. (Eu deveria ter seguido esse conselho ontem!)

Aproveite o tempo em que dobra as roupas como um momento de oração. Ore por cada membro da família à medida que você dobra as roupas dessa pessoa.

Mantenha uma garrafa de água com spray na área da lavanderia para espirrar nas roupas que ficarem enrugadas por terem sido deixadas na máquina de secar durante um tempo demasiado longo (talvez por vários dias!).

Peça a ajuda de seus filhos mais velhos com a lavanderia, sempre que possível. Se eles usam as roupas, que possam também ajudar a cuidar delas!

ÁREAS DE ESTAR

Nós vivemos em casas de diferentes tamanhos. Além da cozinha, banheiros, salas e quartos, algumas de nós têm sala de estar, sala de família, sala de cinema e sala de jantar. Outras de nós têm um quarto que serve para todos esses fins! Independentemente do tamanho da sua casa, essas áreas são compartilhadas por toda a família. Elas também tendem a ser os cômodos "mais visitados" da casa.

Não há casas perfeitas, então você tem que determinar o nível de organização e limpeza para a sua família. Não deixe que as capas de revistas determinem isso. Não deixe que o nível de asseio e de organização do seu vizinho conduza os seus planos. Não deixe que as minhas histórias determinem qual será o seu nível. Ver as estratégias de outras já implementadas e ouvir como outras mães organizam as suas casas pode ajudar a determinar o que é melhor para você. No entanto, não deixe que os padrões de outros determinem os seus padrões. Use sua comunidade para obter ideias e inspiração, mas resista à tentação de se basear na vida dos outros quando se trata de sua casa.

Eu sou, naturalmente, "desorganizada." E facilmente faço pilhas, acumulo trabalho e procrastino limpeza e organização. No entanto, comecei a perceber que essa minha tendência natural estava causando um monte de estresse para mim e minha família. Eu queria encontrar um meio-termo, e tenho feito isso por intermédio das ideias que pego da minha amiga e vizinha Crystal. Nunca serei tão organizada quanto ela, mas *posso* aprender com as grandes estratégias dela! Ela não é uma mãe

Não existem lares perfeitos

melhor do que eu, só porque é mais organizada e tudo em sua casa passa uma sensação de "limpeza e arrumação." E eu não sou melhor mãe do que ela, porque deixo algumas coisas serem de um jeito que ela nunca faria. Nós somos duas pessoas diferentes, que amamos igualmente nossas famílias. Temos diferentes habilidades organizacionais, diferentes preferências de decoração e conhecimento, diferentes idades e filhos em fases diferentes e estilos de vida diferentes em certo sentido. Essas diferenças são projetadas para complementar uma à outra, e não para nos levar a competir uma com a outra! Precisamos aprender com outras mães, mas não nos comparar com elas.

Vários anos atrás alguém me disse que tinha dois ambientes em sua casa (cozinha e sala de estar) e que pediu a sua família que a ajudasse a mantê-los sempre arrumados. Esses eram os dois cômodos onde ela podia sempre conversar com qualquer vizinho que aparecesse de forma inesperada, ou onde ela poderia falar brevemente com os pais de um dos amigos de seus filhos que vieram para pegar as crianças depois de uma visita. Por ter esses quartos sempre prontos e arrumados, (geralmente arrumados de uma forma limpa, simples e confortável), ela não ficava estressada quando alguém inexplicavelmente aparecia para visitá-la nem precisava pedir desculpas pela condição de sua casa, pois sempre estava confortável para receber alguém ali. Eu realmente gostei dessa ideia e a adaptei à realidade da nossa família. Que diferença fez o fato de eu ter conseguido a adesão e o apoio de minha família! Agora eles são capazes de entender por que eu queria as coisas sempre no lugar! Não só isso, mas quando eu digo "Vamos deixar estes cômodos sempre preparados", eles sabem o que isso significa!

Outras mães não se incomodam com o jeito com que suas casas estão quando recebem alguma visita inesperada. Quando alguém aparece inesperadamente, elas apenas dizem que essa é uma casa normal ou simplesmente falam: "Nós vivemos aqui nesta casa; deixa eu retirar algumas coisas para que você possa se sentar!" Ambas as abordagens nos "espaços vivos" em nossas casas são perfeitamente aceitáveis. Tudo que a faz se sentir confortável é certo para você, mesmo que seja diferente do que é correto para outras mães que você conhece!

MAS EU QUERO AQUELA CASA!

Quando Anne tinha seis anos, Evan tinha quatro e Erica era recém-nascida, nós vivíamos em uma casa de dois quartos que alugamos. Ter duas crianças em um pequeno quarto era até possível, mas a adição de um berço para o já saturado quarto era loucura. A última coisa que eu queria era que o bebê fosse acordado pelas outras crianças, já que isso me impediria de voltar a dormir! Eu realmente pensei que ficaria louca!

Vários dos nossos amigos que também moravam de aluguel até então, agora estavam comprando as próprias casas. Mark ainda estava na faculdade, e estávamos pagando o seu empréstimo educativo, em vez de poupar para comprar uma casa. Eu estava muita desanimada. Eu só queria aquilo que todo mundo próximo de mim parecia ter: o nosso próprio quintal, um espaço para realmente viver, uma cozinha maior do que um cubículo, uma garagem e um lugar para chamar de nosso!

A cobiça nos cega para tudo o que já temos.

Por que estamos sempre querendo algo que não podemos ter ou talvez o que realmente não precisamos? Por que não podemos apenas nos contentar com o que temos? Acredito que isso se trata, na verdade, da já famosa e tradicional inveja. Quando olhamos a casa de alguém, e a nossa não se parece comparável a ela, ficamos descontentes. A cobiça nos cega para tudo o que já temos.

Aqui está outra coisa que devemos considerar: Nós não estamos comparando de uma maneira justa. Queremos a casa, mas também queremos o pagamento da prestação ou do empréstimo? E a manutenção e o trabalho que dá um quintal maior? E os impostos sobre a propriedade?

Não existem lares perfeitos

Eu sou grata porque nós finalmente conseguimos comprar a nossa primeira casa, e alguns anos mais tarde tivemos condições de mudar para a fazenda em que vivemos hoje. Mas, olhando para trás, agora sei que aquela pequena moradia oferecia muito mais do que eu podia ver na época:

Aluguel e impostos baixos. Isso por si só fez uma grande diferença para mim por me permitir estar em casa com meus filhos durante essa época de nossa vida.

Proximidade de um parque público para que os meus filhos tivessem um lugar para brincar, mas onde não precisávamos cortar a grama.

Sem gastos de manutenção. Se algo quebrava, chamávamos o proprietário.

Espaço limitado para limpar. Nossa metragem quadrada não era muito grande para cuidar dos três pequenos.

A excelente localização perto de nossa igreja.

Bons vizinhos.

Você está em uma casinha de fundos, um apartamento ou uma casa pequena, ou mesmo em um quarto da casa dos seus sogros? Quais os benefícios que você tem em sua atual residência? Como pode aceitar o momento de vida que você vive atualmente em vez de querer algo diferente?

Não há nada de errado em sonhar com algo que você espera alcançar ou um objetivo pelo qual queira trabalhar para atingir um dia.

Apenas certifique-se de que está fazendo a coisa certa para a sua família e suas finanças, e que está fazendo isso pelas razões certas.

LINDA CASA

Participando do ministério da igreja em tempo integral por mais de vinte anos, eu estive em centenas de casas. Também já me peguei comparando e invejando o que os outros tinham e eu não. No entanto, tenho visto algumas famílias que vivem muito bem financeiramente com relacionamentos vazios e disfuncionais. Também vi famílias lutando financeiramente, porém experimentando relações familiares saudáveis, ricas e profundas.

Não é o tamanho, o estilo, a decoração ou o requinte de uma casa que realmente importa. É o que se passa dentro dela que faz a maior diferença. Uma casa não faz uma família. Uma família faz de uma casa um lar.

Você quer uma bela casa? Claro, cuidar do espaço físico que você tem: mantê-lo, limpá-lo periodicamente e deixá-lo organizado o suficiente para encontrar o que você precisa encontrar. Mais do que tudo, no entanto, foque as pessoas que vivem no interior daquelas paredes. Quando você consegue compreender isso, percebe então que são essas relações familiares imperfeitas, ainda que preciosas, que tornam a sua casa verdadeiramente bela.

MUDE SUAS EXPECTATIVAS

Estamos à procura de expectativas realistas, e não de baixas expectativas. Pessoas que vivem em um espaço fazem inevitavelmente alguma bagunça. Elas deixam as coisas fora de seu lugar. Deixam as louças sujas. As casas ficam confusas, sujas e desorganizadas. Isso é a vida real.

Tenha cuidado ao esperar a perfeição de sua família quando se trata da condição de sua casa. Por algumas noites não há problema algum em jogar suas roupas em uma cadeira em vez de pendurá-las. Às vezes a condição do nosso espaço de vida precisa de fluxo e refluxo com as exigências da vida. Por exemplo, enquanto estou escrevendo um livro, deixo que minha mesa fique muito mais bagunçada do que gostaria que fosse em dias normais. Não tenho tirado a poeira do meu quarto por quase um mês, e, sim, eu poderia escrever ao meu marido uma carta de amor na superfície do nosso armário empoeirado. As minhas expectativas mudam porque minha realidade se altera. Você também pode, e deve, fazer isso. Quando a agenda está cheia, ou você adiciona um novo bebê à família, ou assume um trabalho fora de casa, ou precisa lidar com uma crise de saúde de um familiar, mude um pouco sua cabeça e dê uma folga a si mesma e a todos da sua família e aproveite para alterar suas expectativas, sejam a respeito da condição de limpeza de sua casa ou sobre como você irá realizar a tarefa de limpeza. Você pode até ser capaz de manter as coisas bem arrumadas, mas se uma amiga está vindo visitá-la ou a sua agenda está cheia, pode ser necessário pedir ajuda aos filhos e marido com algumas tarefas que normalmente eles não fazem.

Mude as suas expectativas para conhecer sua realidade. Você vai fazer a si mesma um favor enorme. E não apenas isso, a sua família vai lhe agradecer, porque essa nova forma de pensar reduzirá o estresse dentro de casa.

APLIQUE O ANTÍDOTO

Lidar com as nossas coisas materiais pode colocar para fora orgulho, medo, insegurança e julgamento. Uma vez que você decidiu mudar suas expectativas, examine seu coração, a fim de fazer as pazes com a nova e real condição de sua casa.

Substitua o orgulho pela humildade

Orgulho tem muito a ver com as nossas aparências, incluindo nossas casas. Trabalhe em si mesma a experiência de se humilhar começando por:

Passar um fim de semana sem fazer a arrumação completa da casa. Diga à família o que você *não* vai fazer (Não vou limpar minha casa, cuidar do meu quintal ou mesmo substituir o papel higiênico do meu banheiro. No entanto, tenham a certeza de que ainda vamos ter um final de semana com muito descanso e diversão!). Então faça o que prometeu e experimente fazer algumas atividades nesses dois dias que você costumeiramente não faria.

Pedir a Deus que lhe mostre onde o orgulho se aloja em seu coração, no que diz respeito a sua casa. Você se sente "menos do que" ou "melhor do que" alguém por causa do bairro em que vive? O tamanho da sua casa? A condição do seu quintal? Peça a Deus que a ajude a ser grata pelo que você tem e resista ao desejo de definir a si mesma de forma positiva ou negativa apenas por causa do lugar onde vive.

Substitua o medo pela coragem

Não tenha medo de ter alguém imperfeito em sua casa. Lembre-se de que pratos sujos deixados em cima da pia farão essa pessoa se sentir melhor do que os pratos que ela deveria ter deixado limpos em seu armário! Em vez de se preocupar com isso, aumente a sua coragem para:

Abrir espaço em sua agenda para que uma amiga lhe faça uma visita. Se você não estiver confortável para entretê-la dentro de sua casa, convide-a para sentar-se ao sol e deixar as crianças correrem pelo quintal. Eu convido algumas amigas para sentarem em minha varanda e desfrutarem de um copo de suco gelado no verão. Compartilhar de companhia assim é algo que você vai ver que será muito bom!

Escolhendo não *fazer algo que você faria normalmente se estivesse esperando receber uma visita.* O que de ruim poderia acontecer se você não esfregar o chão da cozinha antes de sua sogra visitá-la? Mesmo que ela fosse fazer uma observação sobre isso, você poderia responder de uma forma que lhe mostraria seus esforços para ser realista sobre suas expectativas e seu desejo de colocar as pessoas antes de tarefas?

Substitua a insegurança pela confiança

O tamanho ou condição de sua casa não define quem você é. A vizinhança onde você vive não define quem você é. Da mesma forma, limpar o chão da cozinha não define quem você é. Não deixe que a falta ou a condição material possam lhe causar qualquer insegurança. Aumente a sua confiança:

Criando um diário de agradecimentos ou uma "caixa da gratidão." Anote em um diário as bênçãos que você recebe em sua vida. Quando quiser reclamar, pergunte a Deus: "O que é que eu tenho de bom em minha vida?" (Por exemplo, veja a lista de bênçãos que é viver em uma pequena moradia.) A "caixa da gratidão" é uma caixinha decorada que você expõe de forma destacada em sua casa. Dentro da caixa, você vai colocar algumas coisas ou lembretes visuais de algo pelo qual é grata. Quando aumentamos a nossa gratidão, mantemos nosso coração terno e flexível para Deus fazer o seu trabalho da melhor forma. Primeira Timóteo 4.4 nos lembra a importância da ação de graças: "Pois tudo o que Deus criou é bom, e nada deve ser rejeitado, se for recebido com ação de graças."

Lembre-se do seu valor aos olhos de Deus. A condição de sua casa vai mudar a cada dia. Se os filhos menores estão em casa, a condição de sua casa provavelmente mudará quase que a cada minuto! Não deixe que mudanças de condições possam defini-la; deixe um Deus imutável defini-la. Deus diz que ele nunca a deixará, nem a desamparará (Deuteronômio 31.6). Mesmo quando suas louças não estiverem limpas e os seus sapatos sujarem o chão da cozinha, o amor de Deus por você nunca mudará!

Substitua o julgamento pela graça

Na maioria das vezes, quando precisamos substituir o julgamento pela graça, isso tem a ver com a forma como vemos e julgamos as outras pessoas. Contudo, neste momento, a pessoa que você precisa parar de julgar é você mesma. A maioria das mães é muito dura consigo mesma quando se trata de sua casa. Você pode dar mais espaço para a graça da seguinte maneira:

> *Prestando atenção às mensagens em sua cabeça.* O que você está dizendo a si mesma sobre a sua casa? Que declarações críticas você está repetindo e que só você pode ouvir? Nossos pensamentos interiores controlam a forma como pensamos sobre nós, e muitas vezes eles podem ser imensamente destrutivos. Quando um julgamento permear o pensamento em sua mente, substitua-o imediatamente por um pensamento cheio de graça. Por exemplo, se você pensa: *Eu sou uma mãe incompetente. Por que não consigo manter minha cozinha limpa?*, substitua isso por algo como: *A cozinha é difícil de ficar arrumada o tempo todo de uma forma perfeita porque é o centro da nossa casa — quase tudo é feito ou se passa por lá de alguma forma e o tempo todo. Hoje, eu estou me dando graça porque optei por viver o princípio de que as pessoas são mais importantes do que coisas ou projetos.*

ACEITE A SUA BELA E IMPERFEITA CASA

Alguma vez você já considerou que a sua casa é muito melhor do que a de outras pessoas, mesmo em sua própria vizinhança? Você já pensou sobre o que seria viver em uma casa ainda menor do que a sua e conviver em uma vizinhança violenta, colocando diariamente sua família em perigo? Você agradeceu a Deus hoje pela água corrente limpa e encanada da qual você e sua família desfrutam? Se você dorme em uma cama e tem um cobertor para cobrir-se, você tem mais do que muitas mães neste mundo.

Não existem lares perfeitos

Não há casas perfeitas, pelo contrário. Às vezes, lugares confusos como o nosso são exatamente onde nossas famílias podem se reunir e amar uns aos outros.

CAPÍTULO 9

NÃO EXISTEM DONAS DE CASA *perfeitas*

Quando Evan estava no ensino médio, a escola permitia que os alunos saíssem para ir em casa ou até a uma lanchonete para almoçar. Em um determinado dia ele trouxe um amigo à nossa casa para almoçar conosco e me perguntou se eu poderia preparar um bife com fritas para eles. Como de costume, eu estava fazendo vinte coisas ao mesmo tempo: lavanderia, e-mails, conversas ao telefone e muito mais. Eu tinha feito cuidadosamente a minha agenda e sabia do que precisava fazer para ter tempo suficiente para preparar o prometido ao meu filho. Temperei o bife e cortei as batatas para fritar. Comecei, então, a fritar o bife. Em seguida, o telefone tocou. Eu estava junto ao fogão e continuei andando pela casa e falando ao telefone. Confesso que não vi o carro de Evan na entrada da garagem. Logo que ele saiu do carro, sentiu o cheiro de bife queimado vindo da cozinha. "Oh, não", ele falou ao seu amigo. "Minha mãe queimou o bife que íamos almoçar." Sim. A perfeição foi jogada diretamente no lixo nesse dia.

REFEIÇÕES

Todas nós já passamos por isso. Tínhamos planos perfeitos para uma determinada refeição e a receita falhou de alguma forma, ou não tivemos tempo suficiente para preparar, ou até nos faltavam as habilidades culinárias necessárias, ou fomos distraídas por uma criança chorando, ou estávamos tentando fazer muita coisa ao mesmo tempo.

A comida é necessária para a vida. Precisamos comer da maneira correta e regularmente, de modo que preparar refeições está sempre na lista de tarefas de uma mãe. Há o café da manhã, em seguida um lanche no meio da manhã, depois o almoço, um lanche da tarde, então vem o jantar, e, por fim, algumas de nós ainda preparam um lanche antes da hora de dormir. Fornecer todos os lanches e refeições parece ser um trabalho de tempo integral!

No entanto, comer não é tudo sobre a comida. Tudo tem a ver também sobre a conexão que temos com as pessoas que amamos. Muitas conversas importantes acontecem em torno da mesa de jantar. Risos surgem quando histórias engraçadas são compartilhadas em família ou entre amigos em volta da mesa. O incentivo é dado quando desafios são enfrentados. Sentados à mesa do jantar, às vezes ficamos sabendo o que está acontecendo no coração e na mente dos membros da família, o que significa muito para nós. Mesmo quando o meu filho trouxe seu amigo para almoçar conosco, de fato, para mim, não era realmente apenas pela comida que eu estava preparando tudo; era mais sobre a fatia do tempo que tenho para compartilhar com ele no meio de um dia escolar. (Sim, eu joguei fora os bifes queimados e fiz outros comestíveis!)

Como a maioria de nós usa a televisão a cabo e a internet, as oportunidades de fazer algo especial na cozinha estão mais disponíveis do que no passado. Isso é uma boa notícia para aquelas que precisam de algumas habilidades básicas para preparar uma refeição diferente. No entanto, também ressuscita esse desafio que nos assombra: a tentação de comparar. Não costumo assistir regularmente aos programas de TV sobre culinária, mas confesso que assisto de vez em quando. Tenho de admitir que quando vejo alguns dos meus favoritos, as comparações começam logo a acontecer. *Como ela consegue fazer todos esses pratos maravilhosos e permanecer magra como um palito de dentes?* Sim, você entendeu. É um programa sobre culinária, e estou fazendo isso com a minha imagem corporal! Aaargh! Estamos sempre lutando contra o Vírus da Perfeição!

Mesmo se eu assistir para aprender, ainda, às vezes, inconscientemente comparo nossa vida real com o que acontece no programa de TV. Nós pensamos coisas como: *Se eu tivesse uma cozinha como essa, poderia fazer essa refeição também. Ou, Oh, como eu gostaria de ter um processador de alimentos como esse! Ou, Por que a minha mãe não me ensinou a cozinhar? Ou, Por que eles fazem isso parecer tão fácil enquanto é sempre tão difícil para mim?* Nós estamos comparando nossa vida verdadeira e cheia de desafios às "fotos perfeitas" das refeições preparadas em trinta minutos, mesmo sabendo que qualquer um normalmente leva mais de uma hora para fazer o mesmo, inclusive a cozinheira do programa, antes da edição.

Vamos pintar um quadro real do que acontece nesses programas de culinária: Alguém corta os legumes. Outra pessoa mede e separa todos os ingredientes em pequenas tigelas devidamente apropriadas para aparecer diante das câmeras. Alguém prepara o prato inteiro antes de o programa começar para o chef poder mostrar como montar a receita, colocar no forno ou começar a cozinhar no fogão e, em seguida, está tudo pronto, e eles produziram algo com um acabamento perfeito! Uau! Se fosse realmente tão fácil como eles mostram na TV! Nunca assisti a um programa de culinária com uma mãe carregando um bebê nos braços para fazê-lo parar de chorar enquanto ela está fazendo um molho.

Nunca vi um programa de culinária em que o chef tem uma criança agarrada na sua perna, enquanto prepara um guisado delicioso. Nunca vi um programa de culinária no qual o chef serve a comida para seus adolescentes temperamentais que não conseguem encontrar nada de bom a dizer sobre qualquer coisa. Embora esses programas sejam ótimos para nos dar ideias, temos que ter cuidado para que eles não criem um sentimento de comparação em nós. Temos de estar conscientes da nossa tendência para comparar.

Então, o que uma mãe ocupada realmente faz? Gosto de cozinhar, mas sinceramente não sei como fazer isso. Parece um monte de trabalho que só vai para o esgoto, literalmente. Claro, minha família precisa comer, e eu também; sendo assim, preparar refeições é algo que precisa acontecer.

No entanto, tenho de ser fiel a quem eu sou, e você também. Para nos dar um pouco de graça, temos que trabalhar dentro do nosso nível de habilidade e desejo, e ter expectativas realistas sobre o que podemos ou não fazer. Conheci mulheres que se alinharam ao longo da vida com todo tipo de estratégias para cuidar das refeições da família. Numa extremidade está uma mãe que trabalha e que eu sei que não faz todas as refeições em casa. Ela não precisa pedir desculpas por isso. Na verdade, é uma decisão que ela tomou porque julga importante manter um equilíbrio entre a sua vida como mãe, esposa e profissional. Ela não pode ser tudo para todas as pessoas. Isso funciona para ela porque compartilha uma casa com sua família ampliada e sua mãe faz a maioria das refeições. Em geral, toda a família come junta à noite, principalmente quando todos começam a trabalhar fora. Quando sua mãe não cozinha, eles comem fora.

Conheço outra mãe que foi habituando a sua família a comer fora cada refeição, mas não pela mesma razão. A mãe dela não sabia cozinhar. Por isso não a ensinou, já que ela também nunca havia aprendido. Mas essa mãe não se contentou e decidiu fazer algo a respeito. Pediu ajuda, procurou instrução online e se determinou a mudar as coisas em sua casa, fazendo diferente do que sua mãe fizera.

Conheço também outra mãe que prepara quase todas as refeições em casa. Comer fora é reservado para ocasiões especiais como aniversários e demais celebrações. Seu limitado orçamento não permite comer fora com maior frequência, de modo que ela fica dentro do orçamento e sente que cozinhar em casa é realmente uma maneira de ajudar a economizar dinheiro para ela e para a família.

Como você pode ver, há mães de variados estilos no que diz respeito à alimentação familiar. Não vamos julgar umas às outras, nem a nós mesmas. Vamos descobrir o que é melhor para nós e para a nossa família, definir nossas estratégias para o lar e aproveitar as refeições imperfeitas, mas belas, juntos, o mais rápido possível.

Não vamos julgar uns aos outros, e não vamos julgar a nós mesmas.

Não há refeições perfeitas, mas há maneiras de agilizar o processo de preparo de uma refeição. Para minimizar o estresse de se preparar uma refeição, tente algumas destas estratégias de mães que são reais como você:

Prepare a granel e congele. Você pode trazer bife, hambúrguer e salsicha para casa diretamente do mercado, e vão sempre dar menos trabalho. Depois, você pode congelar os bifes em recipientes nas porções apropriadas. Você pode fazer omelete de vez em quando, mesmo que contenham ingredientes especiais como cogumelos, queijos etc. Adiante tudo, tempere a carne para alguns dias da semana e mantenha em um local apropriado mais resfriado na geladeira. Cozinhe também algumas carnes e deixe-as congeladas em potes separados suficientes para uma refeição diária! Você gostaria de acrescentar à lista ovos mexidos, quiche e alguns congelados de boa qualidade feitos por terceiros?

Pense fora da caixa. Apenas um lanche em vez de um jantar completo? Conheço famílias que adoram comer assim em vez de uma refeição pesada! Sanduíche para o almoço? Se for nutritivo o suficiente para um café da manhã, ele funciona como almoço também! Use vegetais frescos. Em vez de cozinhar um vegetal, sirva uma salada. Uma salada é uma escolha saudável e rápida de preparar. Mantenha sempre azeite e molhos para estimular o gosto pela salada, e não se esqueça de queijos, amêndoas, passas e outros itens criativos para embelezá-la. Você pode colocar frutas nela também! Maçãs picadas e morangos não são apenas nutritivos, mas gostosas adições a uma salada.

Crie um plano mensal de refeições. Determine trinta dias de refeições com o que a sua família gosta. Assim, não haverá a necessidade de repensar o que você já pensou bem!

Deixe alguém da família compartilhar a responsabilidade de cozinhar. Se o seu marido gosta de cozinhar, deixe-o compartilhar o que gosta de fazer! Se você tem um adolescente que gosta disso, crie estímulos para que ele ou ela possa cozinhar regularmente com o objetivo de reforçar essa habilidade.

DECORANDO

Anos atrás, um amigo e eu passamos um dia mergulhados na pintura, pintando as paredes da minha escada e do corredor. Ficou tudo muito bonito, e isso me custou apenas o valor do material para a pintura. Pintar casas não é algo que eu poderia dizer que gosto ou que tenho prazer em fazer, mas quando o trabalho terminou, valeu a pena o esforço. Não só isso, a aparência da minha casa, por causa da nova pintura, melhorou e escondeu impressões digitais que estavam mostrando a sujeira de uma forma muito evidente!

Não sou muito criativa quando se trata de decoração. Mas posso ter uma grande ideia a qualquer momento! Claro, posso jogar esse jogo da comparação e me sentir um fracasso no quesito "decoração." No en-

Não existem donas de casa perfeitas

tanto, também posso perceber que Deus deu o dom de decorar com criatividade a outras pessoas para que elas possam compartilhá-lo comigo!

Há dias em que o jogo da comparação me engana, e mal percebo que estou na estrada da condenação e até lutando contra as mentiras. Gostei do dia quando minha amiga Crystal me contou sobre um quadro de avisos que havia feito para sua filha. Ela imprimiu algumas fotos e pendurou-as nesse quadro decorativo no quarto da filha. Antes que eu percebesse o que estava acontecendo, pensei: *Claro que você também pode fazer isso. Eu tinha algumas fotos que queria pendurar em uma de nossas salas havia mais de um ano. Tenho como fazer esse projeto? Não, eu não. Por que você não pode fazer um projeto como esse? Crystal tem quatro crianças em casa, e eu tenho apenas dois adolescentes. Eu deveria ser capaz de conseguir fazer algo parecido também. Na verdade, eu sou uma incapaz!*

Ah, essa fala negativa que se arrasta em nosso coração e em nossa mente! Para algumas de nós, ela está lá por tanto tempo, que quase não vemos isso como um problema. Está lá como uma velha amiga. Por causa de sua familiaridade, nós convidamos sempre essa voz e lhe oferecemos uma refeição em vez de reconhecê-la como destrutiva e chutá-la para fora de nossa vida.

Se eu pudesse ter usado a ideia de Crystal para me motivar a fazer o meu projeto, teria sido muito útil. Quando ela compartilhou sua ideia, aquilo deveria ter me levado à convicção de que eu poderia fazer o mesmo. Teria sido um lembrete de boas-vindas para priorizar esse projeto. Em vez disso, usei sua realização para comparar o meu interior com o seu exterior. Era uma comparação injusta da minha parte que, como não reagi bem, trouxe condenação ao meu coração.

Nem sempre isso tem acontecido. Lembro-me de quando minha amiga Shawn me convidou para ver como ela havia decorado o quarto de seu filho ainda criança. Fiquei impressionada com a criatividade tão simples e bonita que Shawn tinha usado no projeto! Ela queria decorar o quarto do Nathan com o tema da selva. Então, ela visualizou todos os tipos de animais pintados nas paredes: leão, tigre, elefante e macaco. Shawn encontrou algumas fotos dos animais que ela havia imaginado. Depois de haver transformando as imagens em transparências (um serviço oferecido por qualquer profissional ou loja de impressão), ela usou um projetor para projetar as imagens nas paredes do quarto. O passo seguinte envolveu o traçado das figuras projetadas com um lápis. Depois disso, as figuras foram pintadas e os detalhes adicionados usando as imagens como modelo. Quando a decoração do quarto foi concluída, as figuras de animais ficaram do chão ao teto do quarto de uma forma única e maravilhosa. O projeto de Shawn me inspirou a pensar criativamente!

A minha amiga e ex-vizinha Rita também tem um talento enorme para decoração. Ela tem como passatempo sair e encontrar móveis velhos e, muitas vezes, descartados e transformá-los com sua criatividade, dando nova vida a eles. Eu a vi pegar camas de ferro, cadeiras e mesas velhas e transformá-las em peças úteis de mobília, além de muito lindas. Com toda a grande variedade de produtos para pintura e tintas com efeitos especiais hoje disponíveis, esse tipo de projeto criativo pode ser realizado por quase todo mundo. Ver projetos como os de Rita motivou-me a olhar para as possibilidades de recuperar alguns itens que pareciam estar no final de sua vida útil. Por causa de Rita, agora estou usando um velho baú, que herdei da minha avó, como um lugar de armazenamento para os cobertores em nosso quarto de casal.

Quando se trata de decoração, temos de nos proteger contra a tentação de comparar. Nossas casas são exclusivas para as nossas famílias. Não queremos uma cópia mal feita da casa de outra pessoa. Queremos o que funciona para nós e para nossa família em particular. Se decorar é algo fácil para você, ou é um desafio, equilibre suas inspirações com a resistência à vontade de comparar e procure fazer apenas o que é certo para você e sua família.

HOSPITALIDADE

A hospitalidade é um termo normalmente associado à forma como tratamos nossos hóspedes em casa. Gosto de pensar nisso como a forma como tratamos amigos e familiares, tanto dentro quanto fora de nossa casa. Hospitalidade é a oportunidade de sermos como Jesus para aqueles que nos rodeiam.

Temos de ter cuidado com o conceito de hospitalidade, porque expectativas irreais podem entrar em jogo nessa área. Se estivermos hospedando o jantar de Ações de Graças da família ou apenas fazendo com que os amigos dos nossos filhos se sintam à vontade em nossa casa, nossas expectativas podem ser definidas de uma forma tão elevada que apenas nós poderemos ver as nossas falhas.

A história que contei sobre o bife queimado parece ser uma tentativa fracassada de hospitalidade. Eu poderia olhar para ela dessa forma. No entanto, realmente não penso assim. Depois que joguei fora os bifes e fiz outros, sentei à mesa com Evan e seu amigo e tivemos uma ótima conversa juntos. Essa, definitivamente, não foi uma ampliação perfeita do que significa a palavra hospitalidade, mas ainda assim foi hospitalidade. Também não acabei com a oportunidade para futuras hospitalidades; houve muitas outras vezes em que Evan me ligou para almoçar em casa com um amigo e eu consegui fazer a comida certa já na primeira tentativa!

Demasiadas vezes falamos que não temos condições de oferecer uma boa hospitalidade porque tememos que nossos esforços não sejam suficientes nem reconhecidos. Suficientes sob qual perspectiva? Isso nos faz lembrar a "imagem perfeita" que mantemos em nossa mente mostrando como as nossas casas precisam parecer, que tipo de comida precisamos servir, ou mesmo como queremos que os nossos filhos se comportem. Uma mãe fala desta forma: "Eu não convido mais pessoas para vir a minha casa porque não consigo mantê-la parecendo uma daquelas das páginas das revistas. Sou uma pessoa bagunçada, e temos coisas demais em casa. Tudo parece estar no lugar nas casas de outras mães, mas nunca na minha!"

Quando perguntei às minhas amigas do Facebook o que na maioria das vezes as impediu de convidar alguém para visitar a casa delas, as respostas honestas foram esmagadoras: "Minha casa não é boa o suficiente." "Não sei cozinhar de forma sofisticada." "Minha casa e minha família não estão à altura." "Tenho receio de a comida que sirvo não ser boa o suficiente." "Tenho medo de que as visitas não se divirtam." "Tenho medo de não aceitarem o convite e eu ser rejeitada." Uma mãe chamou essa equação de: "Temos que ser perfeitas para receber alguém + ninguém nunca é perfeita = nunca teremos pessoas perfeitas nos visitando." Uau, tantas de nós têm medo de alguma coisa quando se trata da hospitalidade! Permitimos que os nossos medos e expectativas erradas controlem nossas ações e nos paralisem, o que nos mantém isoladas e desconectadas dos relacionamentos que mais precisamos.

Gostei de ouvir algumas respostas honestas por outro ângulo. Uma mãe deu este incentivo: "Eu tenho três tipos diferentes de lanches para oferecer aos convidados e sou boa em receber pessoas. Faço a minha parte. Seja boa em algumas coisas, e esconda as outras." Heather disse: "Temos companhia em casa o tempo todo! Encontros para um café, pipoca à noite, panquecas (em uma ocasião, havia mais de dezesseis pessoas! Nós fizemos panquecas e comemos demais!), noites de filmes... Abra seu coração e sua casa, e você vai perceber que a maioria das pessoas realmente se importa menos com a sua casa do que parece!" Minha filha Erica disse: "Quando meu marido ofereceu pela primeira vez a nossa casa como um local de encontro para o nosso pequeno grupo semanal, eu me apavorei ao pensar em ter essas pessoas toda semana aqui. Imaginei que eles achariam os nossos móveis velhos e desconfortáveis. Mas superei o medo, e agora, dois meses depois, percebi que ninguém se queixou de a casa não ser perfeita ou de o sofá não ser confortável. Nosso grupo está crescendo, e essas são nossas amizades!"

Não existem donas de casa perfeitas

Aprendi a manter uma caixa de hambúrgueres congelados e um pacote de presunto e queijo em meu congelador, além de pãezinhos para todos os momentos. Essa é a minha refeição padrão para visitas inesperadas. Nós grelhamos os hambúrgueres (eu os coloco na grelha ainda congelados!), abro um saco de batatas fritas, bato um suco de frutas

Simplifique. Simplifique. Simplifique.

(se eu tiver) ou coloco algumas castanhas ou amendoins. Não é nada extravagante, mas dessa forma recebemos pessoas em torno da mesa para conversar ou enquanto comemos algo na varanda em pleno verão. Se estou realmente animada e com tempo, pego sorvete no freezer, coloco biscoitos na mesa e ofereço como sobremesa. No entanto, já tive visitas por algumas horas e não servi a sobremesa! Simplifique. Simplifique. Simplifique.

Ao mesmo tempo, há vários momentos em que eu gostaria de convidar alguém, mas simplesmente não tenho energia para isso. Ou não quero fazer nenhum esforço. Ou já me sinto tão à vontade com o meu "ninho quase vazio", que não quero mudar a minha rotina confortável e previsível.

Vou assumir o risco, e talvez até mesmo dar um tiro no próprio pé, a partir de agora. A nossa resistência à hospitalidade está permitindo que nossos medos nos controlem realmente transformando isso em um ato de egoísmo? Estamos mais preocupadas sobre como nos sentimos do que como a nossa hospitalidade pode fazer a outra pessoa se sentir? Uma mãe compartilhou: "Fui convidada após uma primeira conversa por alguém que mal conheço, e me senti tão grata e honrada. Só em ter sido convidada foi o suficiente para me fazer sentir um pouco especial."

Poderíamos nos abrir para a possibilidade de ampliar a hospitalidade apenas por pensar em como a pessoa convidada se sentiria em vez de como nós nos sentiremos? Podemos nos abrir o suficiente para enfrentar os nossos medos e expandir a nossa rede de amigos? E se começarmos com um pequeno passo de simplesmente convidar alguém para deixar as

Não existem mães perfeitas

crianças brincarem no quintal e oferecermos um suco? Ou talvez apenas convidar outra mãe para um piquenique em um parque? Isso é hospitalidade também! Nem sempre tem que envolver a sua casa; hospitalidade é uma extensão do nosso coração!

Em seu livro *A Life That Says Welcome* (Uma vida que diz bem-vindo), Karen Ehman nos lembra que "momentos divertidos colocam a ênfase em você e como você pode impressionar outras pessoas. Momentos de hospitalidade colocam a ênfase sobre os outros e como você se esforça para satisfazer as suas necessidades físicas e espirituais para que eles se sintam revigorados, não impressionados, quando saem de sua casa."[1] Adoro a maneira como Karen coloca isso! Ela tira o foco de nós e coloca no convidado. Em relação à hospitalidade, isso é tudo!

MUDE AS SUAS EXPECTATIVAS

Quando se trata de cuidar da casa, é hora de nos darmos alguma folga. Refeições reais são, às vezes, feitas com o que temos em mãos. Casas reais são decoradas com imagens desenhadas por uma criança de dois anos de idade, segurando um lápis vermelho. A verdadeira hospitalidade pode ser um simples esforço para viver uma vida que sempre diz: "Seja bem-vindo!"

Isso não quer dizer necessariamente algo sobre a redução de nossas expectativas. Trata-se de mudar a nossa expectativa para algo mais realista. Todas as quintas-feiras à noite hospedo um estudo bíblico na minha casa. O grupo reúne-se às 19:00h, e muitas vezes às 18h30 minha cozinha se parece com um campo de batalha. Às vezes, o grupo chega e há pratos que ficaram em cima da pia, pratos limpos no escorredor, que precisam ser colocados no devido lugar, e pilhas de papel em cima da minha mesinha. Meu objetivo é "organizar a desordem" o suficiente para que haja um lugar para alguém sentar à mesa da cozinha, beber uma xícara de chá e conversar por alguns minutos até que nos mudemos para

---

1 Karen Ehman, *A Life That Says Welcome* (Uma vida que diz bem-vindo) (Grand Rapids Revell, 2006), 18.

a sala de estar ou para a varanda. Uma vez que a desordem é organizada, limpo a mesa com um pano úmido para que ninguém coloque a mão em algo pegajoso e, em seguida, digo a mim mesma que está feito o que deu para ser feito! Eu costumava esperar pela perfeição, e quase matei a minha família com essa mania de perseguir esse objetivo impossível. Agora espero ter apenas uma "organização real", e acho que ter mais pessoas nos visitando é muito menos estressante!

APLIQUE O ANTÍDOTO

Fazer refeições, decorar e hospedar fazem parte do que significa ter uma casa. Essas também são todas as áreas onde o Vírus da Perfeição corre solto e nos impede de ser tudo o que Deus quer que sejamos. Contudo, há esperança e progresso que ainda pode ser feito. Se aplicarmos os antídotos para os nossos desafios diários, podemos nos livrar dessa doença horrível que só nos faz mal e encontrar a liberdade na autenticidade que almejamos.

Progrida do medo para a coragem

O medo nos impede de fazer algo diferente. Ele nos paralisa e nos atrapalha de crescer, de aprender e de alcançar os outros. Se o medo a paralisa na cozinha, comece a fazer algo sobre isso. Assista aos programas de culinária em sua TV. Pegue dicas no Google ou em uma revista especializada. Peça às suas amigas do Facebook uma receita fácil para poder fazer seu prato favorito.

Se o medo a está impedindo de fazer algo para mudar a decoração de sua casa, peça ajuda. Tenho várias amigas que decoram suas casas lindamente. Quando quero fazer algo novo em um quarto, reúno coragem para pedir ajuda a uma delas dizendo: "Me ajude! O que posso fazer de diferente nesta sala, apenas com o que já tenho?" Um novo olhar pode ver novos tipos de ideias! Se você não pode sequer pensar em decoração e a desordem a está incomodando, você tem que começar por algum lugar!

Os meus filhos costumavam repetir esta historinha: "Como você come um elefante?" A resposta é: "Uma mordida de cada vez." A mesma coisa pode ser dita sobre a limpeza da desordem. Comece com um quarto, um canto ou mesmo uma pilha de papéis de cada vez! Seja corajosa, e afaste esse medo para longe!

Se o medo impedir que você se aproxime dos outros, dê um primeiro passo pedindo a uma mãe que a encontre em algum lugar longe de sua casa. Afaste esse seu medo de rejeição e estenda a mão da amizade. Se ela disser que não, convide outra. Resista ao impulso de levar essa resposta como algo pessoal ou contra você; pode ser que a agenda dela não permita que ela tenha esse tempo para qualquer atividade que você sugeriu. Se você realmente gostaria de encontrar coragem e sentir-se equipada para abrir o seu coração e sua casa, procure pensar nos benefícios que você mesma colheria se passasse a reeducar seu coração para ser alguém que diz sempre "bem-vindo!" Isso vai mudar a sua perspectiva e construir em sua vida uma coragem que vai abençoar outros.

Nós somos os nossos piores críticos!

Progrida da insegurança para a confiança

As mulheres tendem a se sentir mais inseguras a respeito de seu corpo e a imagem de sua casa. Nós lutamos com a insegurança sobre como gerimos a nossa casa, de uma maneira ou de outra. Algumas mulheres cozinham melhor do que nós. Outras mães têm mais criatividade para decorar do que nós. Outras, ainda, parecem ser mais interessantes do que nós. Repare que as mentiras que temos dito a nós mesmas há anos são bastante familiares.

Observe o verbo que utilizei para descrever a transição da insegurança para a confiança: *progredir*. Não iremos passar da insegurança para a confiança em qualquer área de nossa vida durante a primeira noite. É uma progressão de se arriscar, sentindo o sucesso (até que não foi tão ruim!), enfrentando outro risco, sentindo-se um pouco

Não existem donas de casa perfeitas

mais como quem conquistou um novo sucesso, tendo outro risco, experimentando um revés quando as coisas não correram como esperávamos (esta é a realidade, certo?), e tendo ainda outro risco. Estes pequenos passos para quem quer ter coragem nos ajudam a progredir da insegurança para a confiança. Nas palavras sobre hospitalidade da autora e palestrante Tammy Maltby, "Comece simples, e simplesmente comece."

Progrida do julgamento para a graça

Vamos enfrentar esta dura verdade: Nós somos nossas piores críticas! No entanto, a maioria de nós não pensa que isso é como julgar a nós mesmas. Normalmente pensamos que julgar é aquilo que fazemos apenas a respeito de outras pessoas. No entanto, se estamos procurando enfrentar e vencer o Vírus da Perfeição em nosso lar, precisamos progredir saindo do julgamento para dar a graça em nossa própria autocrítica.

O que você diz e pensa a seu respeito torna-se o que você sente. E o que você sente torna-se algo em que acredita. No entanto, os nossos pensamentos e sentimentos nem sempre nos dizem a verdade. Sugiro que você siga estes passos para avançar na graça para si mesma:

Comece com a autoconsciência. Esteja consciente da voz negativa que ecoa em sua cabeça. Esse é o primeiro passo para silenciar seu crítico interior. O que essa voz negativa declara em sua mente periodicamente?

Substitua cada declaração negativa por uma pergunta motivadora. Se seu crítico interior diz: "Eu nunca vou ser uma boa cozinheira!", mude a pergunta para: "Como posso me tornar uma boa cozinheira?" Se sua voz íntima julgá-la dizendo: "Você não é boa de conversa. Será um fracasso convidar alguém para ir à sua casa", mude isso para: "O que posso fazer para ser agradável e melhorar minhas conversas? Que assuntos posso falar para que eu consiga ter sucesso nas conversas com as pessoas?"

Aceite a graça de Deus como um presente. Você não tem que ganhá--la! Aceite a graça e o amor de Deus por você, apesar de suas falhas humanas e, em seguida, dê essa graça a si mesma de presente. Aceite suas falhas. Aproveite suas oportunidades de crescimento. Desfrute da liberdade encontrada em uma vida autêntica.

Dê pequenos passos. Um pequeno passo, seguido de outro pequeno passo, vai lentamente movê-la da insegurança para a confiança na arte de cuidar da casa.

ACEITE A SUA BELA E IMPERFEITA HABILIDADE DOMÉSTICA

Não há donas de casa perfeitas, mas apenas mães reais. Defina o que é certo para sua família e trabalhe para criar uma casa acolhedora, alimentando aqueles a quem você ama.

CAPÍTULO 10

UM DEUS *perfeito*

Como é bela essa jornada da qual participamos! Espero que você tenha conseguido compreender, como eu, que as expectativas irreais sobre nossa real e imperfeita vida nos direcionam para uma grande dose de decepção se não estivermos cientes delas. Também vimos juntas neste livro o estrago que a comparação faz em nosso coração e em nossa mente. Descobrimos que não estamos sozinhas na vida real e que não há problema em sermos honestas sobre nossos desafios. Temos explorado a realidade do Vírus da Perfeição em nossa vida e quão difundida ela é em nossa cultura e em nossos próprios relacionamentos. Também aprendemos sobre os antídotos que podem nos ajudar a erradicar essa terrível condição.

Enquanto passamos um tempão tentando desmontar a ideia de perfeição e procurando arrancar as raízes presentes nas expectativas irreais que cultivamos, ainda há outra parte dessa expedição que devemos explorar antes de considerarmos o tema totalmente abordado. Devemos compreender que as partes imperfeitas de nossa vida são contrabalançadas com a realidade de um Deus perfeito, que anseia fazer sua luz brilhar por intermédio das nossas fraquezas.

Com Deus, podemos seguir adiante com grandes expectativas. Conforme abandonamos as expectativas irreais que nos mantêm confusas e sempre em novos problemas, podemos ter a expectativa de que o Senhor nunca vai falhar conosco. Expectativa indica antecipação ansiosa por alguma coisa. Podemos antecipar com segurança que Deus está no controle, trabalhando e fazendo algo sempre!

Nossa vida imperfeita é contrabalançada com um Deus perfeito.

Não podemos ser mães perfeitas, mas podemos agir em parceria com um Deus perfeito. Há paz, esperança e expectativa nessa declaração. Vamos dar uma olhada no que esse Deus perfeito dá para mães como nós, que muitas vezes nos sentimos cansadas e sobrecarregadas, e sempre imperfeitas.

O AMOR PERFEITO DE DEUS

Amor. Esta é uma palavra facilmente usada em nosso cotidiano. Nós dizemos coisas como: "Amo esse filme!" ou "Amo sorvete de chocolate!" ou "Amei conhecê-la melhor." No entanto, o uso de *amor* nessas demonstrações de uma certa importância e valorização não chega nem perto da forma como Deus nos ama. Seu amor é perfeito porque ele é imutável e incondicional. Mesmo em nossos melhores momentos temos um longo caminho a percorrer para aprender a amar como Deus ama.

O amor de Deus é imutável. Não há nada que possamos fazer para que, de alguma forma, Deus nos ame mais, e não há nada que possamos fazer para que Deus nos ame menos. Isso é muito difícil para a maioria de nós entender, porque não temos sido amadas de forma semelhante em nossos relacionamentos humanos. Os sentimentos humanos complicam expressões humanas de amor. Alguma vez você já disse: "Eu o amo, mas não quero saber dele agora." Sei que eu disse

Um Deus perfeito

isso sobre o meu marido ou sobre cada um dos meus filhos, em um momento ou outro.

Adivinha? Deus nunca diz isso sobre você ou sobre mim. Ele nunca diria algo semelhante, não importa o que façamos, porque o seu amor é perfeito. Seus sentimentos sobre nós não diferem quando temos um bom dia como mães ou quando estragamos tudo com nossos filhos. Seu amor simplesmente não muda.

No entanto, há mais uma boa notícia! O amor de Deus também é incondicional. Deus não impõe condições sobre nós que nos obrigam a "ganhar" o seu amor. Ele não diz: "Jill, se você não gritar com seus filhos hoje, eu vou lhe dar o meu amor. Mas se você gritar com seus filhos, você está por sua conta, e não vou lhe mostrar meu amor hoje." Deus nos ama se estamos atravessando um bom ou um mau dia, independentemente da função social que tivermos. Isso não é uma desculpa para fazermos coisas erradas. Em um esforço para proteger o nosso coração e o coração de nosso marido e de nossos filhos, Deus certamente nos quer fazendo as escolhas certas. Mas se errarmos, podemos confiar que Deus continuará a nos cercar com amor, a oferecer o perdão e uma segunda chance. Ele não vai retirar o seu amor de sobre nós.

O amor incondicional permanece estável, apesar das circunstâncias. Ele sempre acredita no melhor e vê o amado como quem essa pessoa pode ser, em vez de quem ela é no momento. Grande parte do tempo, o amor também é imerecido. Isso é o que torna o amor de Deus por nós um amor perfeito.

A FORÇA PERFEITA DE DEUS

Culturalmente, a fraqueza é considerada uma falha. É muitas vezes vista como um fracasso. Demasiadas vezes nós acreditamos que, se somos fracas em alguma área de nossa vida, estamos de alguma forma em desvantagem.

No entanto, a economia de Deus funciona de maneira diferente. Contrariamente ao ponto de vista da maioria das pessoas que não o co-

Não existem mães perfeitas

nhecem, Deus vê a fraqueza como uma oportunidade positiva. Ele comemora! Dá uma festa! Ele nos dá um tapinha nas costas quando admitimos nossas fraquezas! Por quê? Porque é somente quando as reconhecemos que percebemos a nossa necessidade de recebermos a força de Deus!

Já que estamos tentando erradicar o Vírus da Perfeição de nossa vida, precisamos desesperadamente da força de Deus. Por conta própria, não temos o que é preciso para nos livrar com sucesso do orgulho rumo à humildade, do medo para a coragem, da insegurança para a confiança e do julgamento para a graça. Deus nos diz: "Minha graça é suficiente a você, pois o meu poder se aperfeiçoa na fraqueza" (2Coríntios 12.9).

Eu amo essa verdade! Seu poder se aperfeiçoa na fraqueza. Agora é essa a perfeição que devemos realmente desejar. Essa perfeição não é ruim para nós ou para os nossos relacionamentos. Quando Deus vive em nosso coração, ele deseja sentar-se no banco do motorista de nossa vida. Seu Espírito anseia habitar dentro de nós para nos aperfeiçoar e para que sejamos mais semelhantes a ele. Quando permito que Deus me dê a força para superar minha fraqueza, há um pouco mais de Deus em mim e um pouco menos de mim. Isso é uma coisa ótima. João 3.30 confirma isso: "É necessário que ele cresça e que eu diminua."

Filipenses 4.13 oferece uma verdade que podemos usar para aplicar este conceito à vida cotidiana: "Tudo posso naquele que me fortalece." Então, vamos agora rapidamente olhar para uma situação que aconteceu na minha vida mais de vinte anos atrás. Quando era nova na cidade e não conhecia ninguém, eu procurava aplicar essa verdade para me ajudar a usar o antídoto da coragem.

Eu estava me sentindo terrivelmente solitária. Era mãe de uma criança de dois anos de idade e outra de quatro anos, em uma nova cidade. E precisava desesperadamente encontrar alguns amigos. Como sou uma pessoa introvertida, fazer amizade é uma coisa assustadora para mim, mas eu estava tentando passar do medo para a coragem. Então falei com Deus sobre isso: *Deus, eu realmente estou precisando de algumas novas amizades. Você sabe que este é um território assustador para mim, mas também sabe que quero crescer. E quero fazer algo para mudar esta minha solidão. Sua Palavra diz que posso fazer todas as coisas por intermédio do Senhor, que me dá a força que não tenho. Dê-me a sua força e reforce a minha coragem quando eu ligar para convidar alguma mãe a me encontrar a fim de conversarmos e tomarmos um café.*

Quando, em nossa fraqueza, pedimos a força de Deus, realmente vemos Deus trabalhando. Ele nunca vai nos forçar a nada. Antes, com paciência, vai esperar até que peçamos a sua ajuda. Então decidi pegar o telefone, embora estivesse morrendo de medo de fazer a ligação. Quando ela atendeu, eu me identifiquei (disse que nos conhecemos no berçário da igreja na semana anterior) e então fiz o convite. Ela disse que não podia. Eles tinham uma agenda muito cheia, e ela não estava acrescentando mais nenhum compromisso por aquele momento.

Rejeição! Deus me deu a coragem para chegar, e fui rejeitada na primeira tentativa! No entanto, eu estava determinada a não desanimar. Eu havia conhecido outra mãe naquele mesmo dia. Trocamos números de telefone, de modo que decidi ligar para ela. Dessa vez foi diferente. Ela ficou emocionada com a oportunidade de poder sair de casa à noite. Nós nos encontramos para um café, e uma amizade nasceu. Não nos tornamos as melhores amigas, mas ela começou a me apresentar a outras mães na igreja. Devagar, mas de maneira segura, fui forjando novas amizades em nossa igreja e também na vizinhança.

Você precisa de força? Está tentando sair da inércia do medo para a coragem ou da insegurança para a confiança? Peça a Deus que lhe encha com a sua força perfeita. Seu poder se aperfeiçoa na nossa fraqueza!

A IDENTIDADE PERFEITA DE DEUS

Graças ao Facebook, este é o primeiro livro que escrevi em que pude contar com um grupo de trabalho de mães para me enviar um *feedback* instantâneo quando eu me desviava das perguntas e ideias que seriam o foco do meu trabalho. Tenho a certeza de que o Facebook é o maior grupo de mães do mundo! Quando eu estava escrevendo o capítulo sobre hospitalidade, fiz a seguinte pergunta: "Você já falou para si mesma de forma direta sobre iniciar a sua prática da hospitalidade de alguma maneira (ter outra mãe mais próxima, convidando alguma outra família para um churrasco etc.)? Se afirmativo, quais são os seus medos ou as lutas que enfrenta para fazê-lo?"

Uau! Em poucos minutos eu tinha mais de cinquenta respostas! A maioria das mães compartilhava de forma bastante honesta que raramente tinham alguém em mente. O maior motivo foi o medo de ser julgada por alguém que poderia ser duramente crítica sobre sua casa ou por alguém que não iria achá-la uma boa companhia.

Uma amiga olhou para a resposta da maioria e comentou: "Nossa! Não é interessante como muitas de nós lidamos com medo de pessoas?" Eu nunca havia pensado nesses termos, mas ela estava certa. Temos medo do que outros vão pensar de nós! Se formos honestas, isso só acontece porque permitimos que outras pessoas possam definir quem somos.

Demasiadas vezes nos preocupamos com opiniões de outras pessoas mais do que com a opinião de Deus. Ficamos presas a esse tipo de pensamento. Você pode ver como foi apanhada em algumas destas armadilhas?

Comportamento exterior falso: Porque queremos impressionar as pessoas, tentamos nos tornar alguém que realmente não somos.

Idolatria: Quando nos preocupamos mais com o que as pessoas pensam, nós realmente começamos a adorá-las (pensamos mais sobre elas do que em Deus). Nossa necessidade de aprovação transforma as pessoas em ídolos.

Um Deus perfeito

Timidez: Quando nos preocupamos com o que as pessoas pensam, é menos provável que venhamos a assumir riscos por medo do constrangimento.

Desonestidade: Se tememos a resposta de alguém quando nos comunicamos de forma honesta sobre o que pensamos ou sentimos, podemos até optar por sermos desonestas por causa das palavras que estamos dispostas a compartilhar.

Solidão: Se estamos sempre com medo do que as pessoas vão pensar, vamos optar por não estender uma mão amiga. Vamos nos isolar e viver a vida sem a beleza da comunidade.

É importante que respeitemos os outros, mas não devemos temê-los. É importante honrarmos os outros, mas não adorá-los. Só Deus deve ser temido e adorado. Confundimos o papel que Deus desempenha em nossa vida quando dependemos de pessoas para nos aprovar, definir ou aceitar. Só Deus nos dá uma identidade perfeita e imutável.

Podemos aceitar nossa identidade perfeita quando somos capazes de ver os outros por meio dos olhos de Deus. É por isso que a leitura da Bíblia é tão importante. A Bíblia é a voz de Deus, e precisamos desesperadamente de sua voz para abafar as vozes deste mundo.

Deus não nos força a um relacionamento com ele. Ele estende a mão e anseia que a seguremos. Uma vez que você pega na mão de Deus, sua nova identidade está no lugar onde você está perdoada. Você está protegida. Você é uma vencedora. Está livre. Você está em crescimento. Você está segura. Você pode ter paz, e muito mais! No apêndice A, você descobrirá mais sobre a sua identidade completa. E sobre quem você é aos olhos de Deus!

A melhor parte sobre essa identidade é que ela nunca muda. Se você está tendo um dia ruim, Deus não vai vê-la de forma diferente. Se você cometer um erro, o ponto de vista de Deus não muda. Se você se sentir mal sobre você mesma, você pode saber, sem dúvida alguma, que Deus não se sente da mesma maneira. Se alguém diz algo de ruim sobre você, Deus não aceita isso.

Você está cansada de ser definida pela mudança que vive diante das circunstâncias? Você está cansada de ter medo do que os outros pensam de sua vida? A identidade de Deus irá prover uma pausa necessária no medo que você ainda tem do que as outras pessoas pensam, bem como a paz perfeita que você está esperando.

A PERFEITA ESPERANÇA EM DEUS

Esperança. Em um mundo cheio de relações humanas e circunstâncias além do nosso controle, em que muitas vezes nos sentimos tão desesperançosas, aguardamos pela esperança.

Usamos o verbo *esperar* em nossa linguagem cotidiana: Espero que chova esta noite. Espero que ela se comporte com a babá. Espero que ele consiga o trabalho. No entanto, esse não é o tipo de esperança que Deus nos oferece. Sua esperança é muito mais que isso.

A Bíblia foi originalmente escrita em grego e hebraico. As línguas grega e hebraica têm palavras mais descritivas do que a língua portuguesa. Na verdade, existem várias palavras gregas e hebraicas que se traduzem na palavra que conhecemos como *esperança*. No Antigo Testamento, a palavra *esperança* tem uma raiz hebraica que significa "confiança." Esta é a base do Salmo 33.22: "Esteja sobre nós o teu amor, SENHOR, como está em ti a nossa esperança." Podemos até mesmo ver como o salmista pinta ainda uma imagem de como o amor de Deus nos dá segurança.

Em outro lugar no Antigo Testamento, a palavra hebraica *towcheleth* significa "expectativa." Podemos vê-la utilizada no Salmo 39.7: "Mas agora, SENHOR, que hei de esperar? Minha esperança está em ti." Então, *esperança* significa confiança e expectativa, mas isso não é tudo.

Um Deus perfeito

No Novo Testamento, vemos ainda outra raiz do vocábulo *esperança*. É a palavra grega *elpis*, que significa "esperar ou antecipar com prazer." Vemos esse tipo de esperança em Tito 2.13: "Enquanto aguardamos a bendita esperança: a gloriosa manifestação de nosso grande Deus e Salvador, Jesus Cristo." Esse tipo de esperança é uma garantia – uma coisa certa.

Assim, a esperança em Deus é confiança, expectativa e uma garantia. Em um mundo cheio de mudanças e de insegurança, essa é a garantia de que nós desesperadamente necessitamos. O que é isso na prática de nossa vida cotidiana?

- Quando você enfrenta um casamento desfeito, a esperança em Deus diz que a cura é possível.
- Quando você enfrenta a injustiça, a esperança em Deus diz que a justiça vai prevalecer.
- Quando você enfrenta a dor, a esperança em Deus diz que você vai experimentar a alegria outra vez.
- Quando você enfrenta a traição, a esperança em Deus diz que a verdade triunfará.
- Quando você enfrenta a ansiedade, a esperança em Deus diz que a paz pode ser encontrada.
- Quando você enfrenta fraqueza, a esperança em Deus diz que a sua força irá prevalecer.
- Quando você enfrenta a morte, a esperança em Deus diz que há vida após a morte.

Você está pronta para colocar a sua confiança em algo certo? Você espera poder descansar de suas preocupações? Quer uma garantia de que há mais neste mundo do que os seus olhos podem ver? A esperança perfeita em Deus é a promessa da qual nós, certamente, mais precisamos.

A VERDADE PERFEITA DE DEUS

E se você quiser construir uma casa na praia para a sua família? Não ao longo da praia, mas pertinho da própria areia. Você não poderá construí--la, certo? A razão é que a areia não fornece uma forte e firme fundação que suportará uma construção. Quando a maré vem, a areia se movimenta. Uma parte é carregada para o mar e outra se desloca em torno da casa. É por isso que os hotéis, casas e restaurantes são construídos com certa distância da costa, onde os fundamentos e a fundação podem ser ancorados em terra firme.

Essa imagem é aquela que Deus pinta para nós em Mateus 7.24-27: "Portanto, quem ouve estas minhas palavras e as pratica é como um homem prudente que construiu a sua casa sobre a rocha. Caiu a chuva, transbordaram os rios, sopraram os ventos e deram contra aquela casa, e ela não caiu, porque tinha seus alicerces na rocha. Mas quem ouve estas minhas palavras e não as pratica é como um insensato que construiu a sua casa sobre a areia. Caiu a chuva, transbordaram os rios, sopraram os ventos e deram contra aquela casa, e ela caiu. E foi grande a sua queda."

As "minhas palavras" conforme mencionadas nessa passagem se referem à verdade encontrada na Bíblia. Essa é a verdade perfeita que fornece uma base sólida para o nosso coração e nossa vida. Quando os ventos da vida ameaçam nos derrubar, a verdade de Deus nos mantém seguras e inabaladas. Quando as inundações da vida ameaçam nos afogar, a verdade de Deus é o colete salva-vidas que mantém nossa cabeça acima da água.

A verdade de Deus nos ajuda a ver em preto e branco, certo e errado. Contrária à visão de mundo predominante que diz que a verdade é cinza em relação à forma como pensamos ou sentimos, a verdade de Deus é absoluta. Isso não muda com base nas nossas emoções ou opiniões. Isso é o que torna tudo imutável. Seguro. Forte.

A Bíblia é o nosso livro de instruções para a vida. Deus deseja que leiamos as orientações e as sigamos. Ele não promete que teremos

Um Deus perfeito

uma vida perfeita, mas promete que nos mostrará como lidar com as imperfeições da vida com graça, esperança, amor e integridade. Por isso é importante que leiamos a Bíblia todos os dias.

Uma vez ouvi alguém dizer que quando lemos a Bíblia, aumentamos o vocabulário do Espírito Santo em nossa vida. Eu vi essa verdade de perto! Quando Austin tinha apenas algumas semanas de vida, ele estava com um problema de saúde que exigia uma ressonância magnética. Os médicos nos pediram que não o deixássemos dormir para que ele pudesse dormir durante o exame. (Acho que o nosso esforço para privá-lo de seu sono nos deixou mais privados de dormir do que ele!)

Quando chegamos ao laboratório, Austin não queria dormir para fazer o teste. Finalmente, a técnica disse que a única maneira que teríamos de realizar o teste seria eu me deitar de costas e Austin deitar sobre a minha barriga. Segurando-o, eu faria com que ele pudesse finalmente dormir, mas também exigiu desta mãe claustrofóbica que ela fosse para dentro do aparelho com um bebê sobre sua barriga. Isso não era algo divertido para mim!

> *Quando as inundações da vida ameaçam nos afogar, a verdade de Deus é o colete salva-vidas que mantém nossa cabeça acima da água.*

Subi na cama, e a enfermeira colocou Austin na minha barriga. A ansiedade dele diminuiu, e a minha começou a aumentar! Durante esses trinta minutos de teste, ficaríamos em um tubo estreito e seríamos incapazes de nos movermos. Imediatamente Filipenses 4.13 veio à minha mente: "Tudo posso naquele que me fortalece." Deus estava falando comigo por meio da sua Palavra! Eu repeti o versículo diversas vezes na minha cabeça durante todo o teste. Trinta minutos depois, Austin estava dormindo, e eu estava perto dele. Deus me guiou durante esse desafio com a verdade da sua Palavra.

Quando meu marido deixou a nossa família por um tempo, eu chorei até dormir com a minha Bíblia deitada ao meu lado. Era a última coisa que eu lia antes de dormir, e a primeira coisa que eu lia na manhã seguinte. Eventualmente, eu a deixava de modo intencional sobre o travesseiro de Mark durante a noite. Permaneceu lá até ele voltar para casa, três meses depois. Um dos versículos que me trouxe conforto era o Salmo 34.18: "O SENHOR está perto dos que têm o coração quebrantado e salva os de espírito abatido." Um versículo que me trouxe esperança foi Mateus 19.26: "Jesus olhou para eles e respondeu: 'Para o homem é impossível, mas para Deus todas as coisas são possíveis'."

Se você não estiver familiarizada com a Bíblia, pegue uma versão que seja fácil de ler, como A Mensagem, a Nova Versão Internacional (NVI) ou mesmo a Nova Bíblia Viva. Um ótimo lugar para se começar a ler é o livro de Provérbios. É um livro cheio de sabedoria prática, que irá guiá-la, incentivá-la e que ficará na sua mente! (Dica: Há 31 capítulos de Provérbios. Se puder ler um capítulo por dia, que corresponde ao dia do mês, você vai ler o livro inteiro em apenas um mês e, em seguida, se gostar, pode começar tudo de novo no próximo mês!) No livro de Mateus, você encontrará uma biografia de Jesus. Depois de ler Mateus, tente Filipenses. É curto, mas poderosamente escrito. Assim como é o livro de Tiago. Você também pode encontrar alguma Bíblia on-line para ler gratuitamente quando quiser. Se tiver um smartphone, pode acessar algum aplicativo da Bíblia; lá, você também pode aproveitar alguns tipos de planos de leitura bíblica. Ah, e se você está procurando se aproximar e conhecer mais de Deus, procure um devocional diário que a mantenha focada em Deus e em sua Palavra. Se você está enfrentando um desafio particular, veja atentamente o Apêndice B, que vem nas páginas seguintes. Esse grande recurso pode ajudá-la a encontrar a verdade que precisa quando algo a perturbar.

Você está tentando construir sua vida na areia movediça? Os ventos da vida estão soprando mais fortes? É hora de fincar suas raízes na perfeita verdade de Deus, onde você encontrará o firme fundamento que está procurando.

A PERFEITA REDENÇÃO DE DEUS

Qualquer um que tenha usado um cupom está familiarizado com a palavra *resgatar*. Quando desejamos resgatar um cupom, tentamos trocá-lo por algo que queremos. Também resgatamos milhas aéreas quando trocamos os pontos que temos por uma passagem aérea para um lugar a que pretendemos ir. A qualquer momento a palavra *resgatar* é usada, ela envolve algum tipo de troca. Isso também é verdade em nossa relação com Deus.

Um dos mais belos dons que Deus nos dá é a redenção. Ele troca uma coisa pela outra. Ele restaura. Ele salva e liberta-nos de uma maneira que ninguém mais pode fazer.

Quando Deus colocou Adão e Eva no jardim do Éden, ele tinha um relacionamento pessoal perfeito com eles. O Criador e a criatura estavam conectados. Quando Deus lhes deu apenas uma regra (não comer da árvore do conhecimento do bem e do mal) e eles a quebraram, a relação deles com Deus estava partida. Com essa escolha errada, o pecado entrou no mundo. Aquele pecado agora separava o Criador da criatura. (Você pode ler a história no livro de Gênesis, capítulos de 1 a 3.) Em todo o Antigo Testamento vemos os esforços de Deus para restaurar as relações com a humanidade por meio de uma lei estabelecida e de sacrifícios exigidos. (O Antigo Testamento é a primeira parte da Bíblia. É a história de Deus antes de Jesus ter vivido nesta terra.) Antes de Deus enviar seu filho Jesus para o mundo, as pessoas impuras não poderiam ter um relacionamento pessoal com um Deus Santo.

No Novo Testamento, vemos como Deus, por intermédio de seu incrível amor por nós, enviou seu filho Jesus a este mundo para ser o último sacrifício, perfeito. João 3.16 nos diz assim: "Porque Deus tanto amou o mundo que deu o seu Filho Unigênito, para que todo o que nele crer não pereça, mas tenha a vida eterna." Deus enviou seu filho a esta terra, em parte para ser uma demonstração viva de como viver, contudo, o mais importante era para viver uma vida sem pecado e depois morrer na cruz em nosso lugar. Sua vida foi trocada pela nossa. É por isso que Jesus é chamado de nosso "Redentor."

No entanto, Deus nunca irá nos forçar a nada. Ele quer um relacionamento conosco, em que possamos interagir com ele normalmente. Não se trata de ir à igreja. Frequentar a igreja não é o que nos faz ter uma relação com Deus. Eu amo o que Billy Sunday disse certa vez: "Ir à igreja não faz de você um cristão, como ir a uma garagem não faz de você um automóvel." Ser parte de uma família chamada igreja é algo que fazemos para ficarmos conectadas a Deus e a outros crentes. Isso é importante. No entanto, não é o que estabelece se realmente temos um relacionamento pessoal com Deus.

Veja que Deus estende a sua mão, convidando-nos a agarrá-la e a dizer sim a ele. Você pode fazer isso na igreja em um domingo de manhã, ou pode fazer isso sentada em sua casa com este livro nas mãos. Deus quer uma amizade com você. Jesus trocou sua vida perfeita pela nossa vida imperfeita. Ele nos salvou de uma vida que se dedicava a ficar à margem de Deus. É por isso que ele é chamado de nosso "Salvador."

> *Jesus trocou a sua vida perfeita por vidas imperfeitas como a sua.*

Se você nunca disse sim a Deus, pode fazer isso agora, orando estas palavras ou algo semelhante a elas: *Deus, eu quero conhecê-lo. Quero que a minha identidade possa ser determinada por você e somente por você. Obrigada por ter enviado Jesus a esta terra. Eu o aceito como o meu Salvador, e quero que ele possa ser o líder da minha vida. Hoje estou agarrando a sua mão que está me alcançando. Em nome de Jesus, amém.*

Um dos meus versículos favoritos da Bíblia é Joel 2.25, onde Deus diz que vai resgatar o que os gafanhotos já comeram. Isso significa que ele irá restaurar nossa vida após a devastação. Não precisamos nos preocupar com pragas de gafanhotos nestes dias de hoje, mas há outras "pragas" que causam danos em nossa vida. Você já foi

Um Deus perfeito

atormentada com a preocupação de ter um filho rebelde? Você já foi atormentada com algum ressentimento por causa de uma relação quebrada? Você já foi atormentada com a culpa quando fez algumas coisas que não deveria ter feito ou dito algo que não deveria ter dito? Você já foi atormentada com dor após alguém que você ama ter traído a sua confiança? Deus deseja redimir os lugares feridos. Ele quer trocá-los por algo novo. Ele quer restaurar e renovar as partes quebradas em nossa vida.

Eu experimentei a redenção de Deus em minha vida, e sou muito grata a ele por isso. Quando nossa filha Erica fez 14 anos, nós entramos nos mais difíceis quatro anos de nossa paternidade. Erica rejeitou sua fé e sua família de muitas e variadas maneiras. Foi cansativo para o pai dela. Ela casou-se aos 18 anos, pouco depois começou a reengajar-se em sua jornada de fé com o seu marido Kendall e iniciou a sua própria relação com Deus. Quando Kendall foi enviado ao Iraque por um ano, ela perguntou se poderia mudar-se para nossa casa. Mark e eu pensamos muito sobre tê-la em casa por um ano, mas escolhemos dizer sim.

No meio desse período, comecei a chamar esse ano de nosso "ano bônus." Erica foi uma alegria em nossa casa. Nós aproveitamos essa nova relação com a nossa jovem adulta casada. O filho pródigo estava em casa, e vimos em primeira mão como Deus estava resgatando aquilo que os gafanhotos haviam comido.

Eu amo a história de José, na Bíblia. Ele foi um dos mais jovens de doze irmãos e o favorito de seu pai. O pai de José deu-lhe uma túnica especial feita de muitas cores diferentes. Mas seus irmãos tinham inveja dele, então decidiram primeiro jogá-lo em um poço e depois vendê-lo como escravo. Eles disseram ao pai que José havia sido morto por um animal selvagem.

Anos se passaram, e José experimentou coisas terríveis. Ele foi escravo. Foi falsamente acusado e preso. Ele parecia estar esque-

Não existem mães perfeitas

cido por todo mundo. Mas Deus tinha outros planos. O Senhor escolheu resgatar todos os anos que os gafanhotos haviam comido da vida de José. Deus, eventualmente, não só tira José da prisão, mas o coloca como o braço direito do faraó. A sabedoria de José salva o Egito de ser arruinado durante uma seca de sete anos. Em uma reviravolta interessante de eventos, os irmãos de José vão para o Egito pedir ajuda (embora não tivessem ideia de que o homem com quem estavam negociando era irmão deles!). Eu amo o que José finalmente diz a seus irmãos: "Vocês planejaram o mal contra mim, mas Deus o tornou em bem, para que hoje fosse preservada a vida de muitos" (Gênesis 50.20).

Deus deseja trazer restauração à sua vida e à minha. Ele quer usar nossas experiências para seus propósitos. Ele pode tomar o mal em nossa vida e fazer algo de bom. Eu experimentei isso pessoalmente também. Não acredito nem por um minuto que Deus queria que meu marido pudesse deixar a nossa casa. Acredito que Deus ficou todo o tempo entristecido ao meu lado enquanto Mark caminhava pelo seu próprio deserto pessoal. No entanto, posso dizer-lhe que Deus usou esse tempo difícil na minha vida de uma maneira forte e perene. Para começar, ele aumentou muito minha compaixão pelos que sofrem. Sou uma pessoa que, antes de passar por esse desgosto, costumava ter pouca compaixão pelos outros. Meu coração agora chora quando sei que alguém está sofrendo. Segundo, Deus aumentou a minha capacidade de empatia por outras pessoas. Sei como alguém se sente ao ser traído e ser profundamente ferido. Agora posso me relacionar melhor com os sentimentos que outros estão experimentando em situações semelhantes. Em terceiro lugar, Deus aumentou o meu amor pela Bíblia para um nível totalmente novo quando tive de depender dele para passar vários dias em que eu só queria rastejar na cama e me manter distante de todo mundo. Deus usou uma situação muito difícil para me aproximar dele e de sua Palavra.

Você tem alguns lugares quebrados em sua vida que gostaria que Deus pudesse usá-los para o bem? Você está pronta para trocar suas cinzas pela beleza? Ele está pronto, disposto e capaz, se você simplesmente permitir que ele faça o trabalho dele!

O QUE VOCÊ VAI FAZER?

Agora nós somos intrinsecamente cientes dos sintomas do Vírus da Perfeição. Estamos mais bem equipadas para identificar os sinais de alerta da presente epidemia que cultivamos. A nós também foram confiados os antídotos que podem começar a erradicar a doença que tem dividido mães por muito tempo.

Eu amo a perspectiva de uma amiga experiente que compartilhou algo sobre o Vírus da Perfeição: "Quanto mais velha fico, mais me aproximo de descobrir que não há vida invejável lá fora. Preciso prestar mais atenção às bênçãos que tenho e menos atenção à ilusão míope de que outros são melhores do que eu e vivem melhor do que vivo." O que é uma bela maneira de resumir a essência deste livro.

A questão é: O que você vai fazer agora? Vai continuar como fazia antes de estar ciente? Vai continuar a espalhar a doença? Vai simplesmente esperar alguém no seu círculo de influência dar o primeiro passo?

Com esperança, eu gostaria de pedir-lhe que considere estas quatro respostas:

1. *Você vai decidir que nunca mais será a mesma*, agora que viu quanto dano o Vírus da Perfeição inflige a nossa vida, nossa família e nossas amizades?
2. *Você será parte da solução*, trazendo a cura para seu círculo de influência e aplicando os antídotos tão frequentemente quanto puder?
3. *Você vai se comprometer* a ser a melhor mãe que pode ser, sem impor expectativas irreais sobre si mesma ou aos outros?

Não existem mães perfeitas

4. *Você vai assumir uma nova imagem* da maternidade real e compartilhar isso com outras? Isso incluiria:

Sem expectativas.
Sem orgulho.
Sem medo.
Sem insegurança.
Sem julgamento.
Sem comparações.
Sem agenda.
Sem performance.
Sem mães perfeitas...
... apenas mães imperfeitas em parceria com um Deus perfeito.

APÊNDICE A

ESTA É *quem eu sou* AOS OLHOS DE DEUS

Sou fiel (Efésios 1.1).
Sou filha de Deus (João 1.12).
Sou amiga de Cristo (João 15.15).
Pertenço a Deus (1Coríntios 6.20).
Estou certa de que todas as coisas cooperam para o bem (Romanos 8.28).
Estou confiante de que Deus aperfeiçoará a obra que começou em mim (Filipenses 1.6).
Sou uma cidadã do céu (Filipenses 3.20).
Não recebi um espírito de temor, mas de fortaleza, amor e autodisciplina (2Timóteo 1.7).
Sou nascida de Deus, e o maligno não pode me tocar (1João 5.18).
Fui escolhida antes da criação do mundo (Efésios 1.4, 11).
Fui adotada como filha de Deus (Efésios 1.5).
Recebi a gloriosa graça de Deus ricamente e sem restrições (Efésios 1.5, 8).
Estou perdoada (Efésios 1.7; Colossenses 1.14).

Não existem mães perfeitas

Tenho propósito (Efésios 1.9; 3.11).

Tenho esperança (Efésios 1.18).

Fui escolhida (Efésios 1.3-4).

Sou colega de trabalho de Deus (2Coríntios 6.1).

Foi-me mostrada a incomparável riqueza da graça de Deus (Efésios 2.7).

Deus manifestou sua bondade a mim (Efésios 2.7).

Eu sou obra-prima de Deus (Efésios 2.10).

Tenho paz (Efésios 2.14).

Tenho acesso ao Pai (Efésios 2.18).

Sou membro da família de Deus (Efésios 2.19).

Estou segura (Efésios 2.20).

Sou uma habitação para o Espírito Santo (Efésios 2.22).

O poder de Deus trabalha por meio de mim (Efésios 3.7).

Posso me aproximar de Deus com liberdade e confiança (Efésios 3.12).

Sei que há um propósito para os meus sofrimentos (Efésios 3.13).

Sou preenchida por Deus (Efésios 3.19).

Posso ser humilde, gentil, paciente e amorosamente tolerante com os outros (Efésios 4.2).

Posso amadurecer espiritualmente (Efésios 4.15).

Posso ter uma nova atitude e um novo estilo de vida (Efésios 4.21-32).

Posso ser gentil e compassiva para com os outros (Efésios 4.32).

Posso perdoar os outros (Efésios 4.32).

Posso entender qual é a vontade de Deus (Efésios 5.17).

Posso dar graças por tudo (Efésios 5.20).

Não tenho de ter sempre a minha própria agenda (Efésios 5.21).

Posso honrar a Deus por intermédio do casamento (Efésios 5.22-33).

Posso educar meus filhos com compostura (Efésios 6.4).

Posso ser forte (Efésios 6.10).

Tenho o poder de Deus (Efésios 6.10).

Posso permanecer firme contra o mal (Efésios 6.13).

Não estou sozinha (Hebreus 13.5).

Apêndice A: Este é quem eu sou aos olhos de Deus

Estou crescendo (Colossenses 2.7).

Estou unida com outros crentes (João 17.20-23).

Não estou em falta (Filipenses 4.19).

Tenho a promessa da vida eterna (João 6.47).

Sou escolhida e amada (Colossenses 3.12).

Sou inculpável (1Coríntios 1.8).

Estou liberta (Romanos 8.2; João 8.32).

Sou uma luz no mundo (Mateus 5.14).

Sou mais que vencedora (Romanos 8.37).

Estou segura (1João 5.18).

Faço parte do Reino de Deus (Apocalipse 1.6).

Já não estou condenada (Romanos 8.1-2).

Não sou impotente (Filipenses 4.13).

Estou protegida (João 10.29).

Nasci de novo (1Pedro 1.23).

Sou uma nova criação (2Coríntios 5.17).

Estou livre (Colossenses 1.13).

Sou vitoriosa (1Coríntios 15.57; 1João 5.4).

Compilado por Beth Bolthouse, MA, LPC www.lifeinvestmentnetwork.com. Usado com permissão.

APÊNDICE B

ONDE ENCONTRAR AJUDA QUANDO ESTIVER SE *sentindo*...

Irritada Efésios 4.26-27, 31-32; Colossenses 3.7-8, 12-17
Amarga 1Coríntios 13; Hebreus 12.14-15; Efésios 4.31-32
Entediada 1Tessalonicenses 5.6, 18; Filipenses 4.8; Efésios 5.15-16; Salmo 34.1
Crítica Mateus 7.1-5; Romanos 1.32–2.1; Tiago 4.11-12
Derrotada Romanos 8.31-39; Filipenses 4.13; 1Pedro 1.6-7; 1Pedro 5. 7
Deprimida Salmo 34; Salmo 37; 2Coríntios 4.7-10, 16-18; Mateus 11.28
Decepcionada Salmo 16.11; Jeremias 29.11-13; Filipenses 4.19; João 14.1
Descrente Marcos 9.24; 2Timóteo 2.13; Hebreus 11.6; João 14.1
Desanimada Salmo 23; Salmo 42.6-11; Salmo 55.22; Mateus 5.11-12
Desonesta Provérbios 12.22; Jeremias 7.8-10; 1Tessalonicenses 4.6; João 8.32
Duvidosa Números 23.19; Mateus 8.26; João 14.1; Provérbios 3.5-6
Envergonhada Salmo 27.1-3; Salmo 34, Salmo 35; Colossenses 3.1-2; Salmo 23
Temerosa Salmo 34.4; Mateus 10.28; 2Timóteo 1.7; Hebreus 13.5-6
Culpada 1João 1.9; Salmo 51; Salmo 103; Hebreus 10:17; Romanos 8.1

Não existem mães perfeitas

Odiosa Provérbios 10.12; 1João 2.9-11; 1João 3.10-15; 1João 4.20
Hipócrita Lucas 6.46; Tito 1.16; 1Pedro 2.1; Efésios 4: 1
Imoral 1Pedro 2.11; Gálatas 5.16; 2Timóteo 2.22; Salmo 51
Impaciente Salmo 25.5; Salmo 27.14; Habacuque 2.3; Salmo 37.34
Julgando Mateus 7.1-5; Lucas 6.37
Solitária Salmo 23; Salmo 68.6; Hebreus 13.5-6; Jeremias 23.23; Mateus 28.20
Preguiçosa Romanos 12.11; Efésios 5.15-16; Hebreus 6.12; Provérbios 6.6-11
Sobrecarregada Salmo 46.1; Salmo 50.15; Provérbios 11.8; Tiago 1.2-3
Perseguida 2Timóteo 3.12: João 15.20; Atos 14.22; Hebreus 12.3
Pressionada Isaías 26.3; 2Crônicas 16.9; Filipenses 4.13; 2Timóteo 1.7
Orgulhosa Provérbios 16.18; 1Coríntios 10.12; Filipenses 2.3; Tiago 4.6
Vingativa Provérbios 17.13; Romanos 12.16-19; 1Pedro 2.23
Triste Isaías 14.3; Romanos 8.28; Apocalipse 21.4; Isaías 35.10
Caluniada Salmo 15.1-3; Mateus 5.11-12; Mateus 12.36; 1Coríntios 4.13
Suicida Lucas 4.9-12; Gênesis 28.15; 2Pedro 2.9; Salmo 23
Ingrata Salmo 69.30; Efésios 5.20; 1Tessalonicenses 5.18; 1Timóteo 2.1
Mal-amada Jeremias 31.3; Romanos 5.8; 1João 4.8-19; Lamentações 3.22-23
Fraca Isaías 40.29-31; 1Coríntios 12.9; 2Timóteo 1.7; Filipenses 4.13
Preocupada Mateus 6.19-34; Lucas 12.25-26; Filipenses 4.6-7; Salmo 23
Inútil 1Samuel 16.7; Salmo 139.13-15; João 10.3; Jeremias 31.3

Agradecimentos

Nenhum livro é escrito de forma isolada. Esta mensagem surgiu a partir das minhas experiências pessoais e das experiências de milhares de mães que tenho incentivado ao longo dos últimos vinte anos. Com isso em mente, quero aproveitar para expressar o meu apreço:

A cada mãe que compartilhou suas histórias, frustrações, alegrias e descobertas comigo. Cada história ajudou a enriquecer a mensagem deste livro.

Às queridas pessoas que fazem parte da equipe de liderança de Hearts at Home. É uma alegria poder viver e servir com este grupo maravilhoso de homens e mulheres.

Às minhas leitoras – mães que estão nas trincheiras, que deram um *feedback* inicial valioso: Becky, Bonnie, Kelly, Megan, Angie, Anne e Erica. A boa vontade que vocês tiveram para ler alguns ou todos os capítulos à medida que foram sendo escritos foi muito importante!

À minha equipe de oração: Obrigada por ficarem "na brecha" por mim! Seu tempo de joelhos é mais importante como contribuição para este livro do que todas as palavras que escrevi.

À equipe da Moody Publishers: Deb Keiser, Michele Forrider, Janis Backing, Holly Kisly. Obrigada por acreditarem na mensagem deste livro! Obrigada, Annette LaPlaca, por aperfeiçoar esta mensagem com suas habilidades maravilhosas como minha editora!

Anne, Evan, Erica, Kolya e Austin: Obrigada por me permitirem compartilhar suas histórias. Vocês são os melhores filhos que uma mãe poderia pedir!

Mark: Eu amo a forma como Deus está reescrevendo nossa história de amor.

Deus: Obrigado por amar esta mãe imperfeita de uma maneira tão perfeita.

Nota da autora

Cara leitora,
Eu adoraria saber como este livro tem incentivado você pessoalmente! Você pode me enviar um e-mail pelo jillannsavage@yahoo.com. Você também pode me encontrar no Facebook (Jill Fleener Savage) e no Twitter (jillsavage).
Procure visitar o site da No More Perfect Moms [Não existem mães perfeitas] em www.nomoreperfectmoms.com. Lá, você encontrará recursos adicionais para encorajá-la e equipá-la para aprofundar ou preparar um estudo deste livro, se você desejar.
Você também vai encontrar mais incentivo em:
Meu blog e site: www.jillsavage.org
O site do Hearts at Home: www.hearts-at-home.org

    Estamos juntas nessa mesma jornada,
    Jill

NÃO À GUERRA DAS *Mães*

Quase toda mãe faz isso.

Nós amamos muito os nossos filhos e temos que lutar com decisões sobre a nossa maternidade de forma tão enérgica que tendemos a defender nossas escolhas pessoais muito ferozmente.

"Eu não posso acreditar que ela está usando remédio para emagrecer."
"Você acredita que ela vai voltar a trabalhar?"
"Como ela pode enviar seus filhos para aquela escola pública?"
"Ela está jogando fora sua profissão ficando em casa."
"Como eles conseguem bancar aquela faculdade?"

Foi assim que as guerras entre mães começaram. No entanto, essa é uma guerra que não pode ser vencida. As batalhas constantes nos dividem e nos colocam em oposição contra as próprias mulheres que precisamos em nossa vida. Hearts at Home acredita que é hora de convocar as mulheres para uma ação especial:

PAREM COM ISSO!

Isso é o que dizemos aos nossos filhos quando queremos que eles parem de brigar, então isso é o que estamos chamando as mães a fazer também.

Aceite as diferenças.

Pare de se julgar.

Pare de julgar as outras mulheres.

Substitua críticas por graça.

Coloque a pedra no chão e pegue o telefone.

Você vai se juntar a nós?

Firme seu compromisso no site www.knockitoffmoms.com

SOBRE RECURSOS NA OBRA

Não existem mães perfeitas

Você está buscando fortalecer a sua vontade de amar sua vida real?

Você tem uma história de mãe imperfeita que gostaria de compartilhar?

Quer partilhar o livro *Não existem mães perfeitas* e sua experiência com outras mães?

Está procurando um "guia do líder" ou "vídeos" para usar em seus grupos de mães?

Quer colocar um banner "Eu sou uma mãe imperfeita, e está tudo bem" no seu blog ou na sua página do Facebook? Você vai encontrar tudo isso *on-line* no www.nomoreperfectmoms.com (inglês).

Venha sair com outras mães imperfeitas que estão aprendendo a amar sua vida real!